Horst Schultze
Die Abenteuer von Johannes

Horst Schultze
Die Abenteuer von Johannes

Ein Horst Schultze Buch
Alle Rechte vorbehalten

Buchillustrationen
und Umschlaggestaltung:
Luisa Lieben

© 2016 Horst Schultze

Herstellung und Verlag:
BoD – Books on Demand, Norderstedt

ISBN 9783741251252

Die Deutsche Nationalbibliothek verzeichnet diese Publikation in der Deutschen Nationalbibliografie; detaillierte bibliografische Daten sind im Internet über http://dnb.d-nb.de abrufbar.

7 Der Munk
71 Die Zeitreise
126 Der einsame Lokomotivführer
138 Zwei Geschichten von Straßenlaternen

Abenteuer mit Johannes

Der Munk

1

Ferien! Endlich Ferien. Und Sommer. Schon seit Tagen schien die Sonne vom wolkenlosen, blauen Himmelszelt. War es da nicht eine Freude, Ferien zu haben? Es waren nun schon die zweiten großen Sommerferien, die Johannes erlebte. Ja, er ging schon in die dritte Klasse. Na ja, eigentlich noch in die zweite. Aber das ist vorbei. Er hatte eine sehr gute Beurteilung von seinen Lehrern bekommen. Ab nächstes Jahr gibt es ja nun richtige Zeugnisse. Darauf freute sich Johannes schon sehr. So ganz ohne Zeugnisse ist es nichts. Sicher, seine Leistungen waren sehr gut. Und er merkte es ja auch selbst. Es ist wunderbar, endlich richtig und alleine lesen und schreiben zu können. Natürlich auch das Rechnen. Und wie toll ist es doch, wenn man sich nicht alles von Mama oder Papa vorlesen oder aufschreiben lassen musste. Das ging nun schon ganz prima und war schön.

Doch nun soll es genug sein mit den Gedanken an die Schule. Die ist zu, und es sind Ferien. Unendlich lange und schöne Wochen liegen vor dem Jungen. Und er freute sich auf diese Zeit. Er hatte sich viel vorgenommen, wollte viel erleben. Zum Teil mit seinen Eltern, aber auch noch andere Dinge warteten auf Johannes. Und darauf freute er sich am meisten.

Er dachte doch noch einmal an die vergangenen Wochen und Monate. Dabei war ihm aber nicht so richtig wohl zumute, und er hatte ein ganz leichtes Kribbeln im Bauch. Da gab es nämlich ein paar Sachen, die nicht so gut waren. Manchmal hörte er nicht, wenn seine Eltern ihm etwas sagten. Er war schusselig und vergaß ganz schnell und oft wichtige Dinge. Und sein Verhalten konnte auch nicht immer als vorbildlich bezeichnet werden.

„Na, ist doch wahr", dachte Johannes so bei sich. „Da gibt es die aufregendsten Sachen wie zum Beispiel stromern gehen, Sachen entdecken, von denen sonst noch keiner etwas wusste, tolle Kinderveranstaltungen und noch so vieles mehr, und ich soll an so dumme und uninteressante Dinge denken wie Hausaufgaben, Aufräumen, Schuhe putzen und was weiß ich nicht noch alles?"

Ein kleiner Schatten lag auf seinem Gesicht und trübte seine gute Laune etwas ein. Das musste auch die Sonne gesehen haben, denn sie zog sich eine ganz dünne Schleierwolke vor ihr Gesicht.

„Soweit kommt es noch, dass ich mir meine gute Sommerferienlaune verderben lasse. Nein, ich habe mir ganz fest vorgenommen, mich zu ändern, und das auch Mama und Papa versprochen. Und dabei bleibt es. Und nun ist basta mit der vergangenen Zeit", murmelte er vor sich hin.

Sein Gesicht hellte sich wieder auf, und er strahlte. Und genauso tat es auch die Sonne. Die spürt nämlich manchmal ganz genau, wenn irgendwo etwas nicht in Ordnung ist. Nun lachte aber auch sie wieder über den weiten blauen Himmel.

Und es stimmte tatsächlich. In letzter Zeit hatte sich Johannes schon doll gebessert. Hin und wieder gab es noch einen kleinen Ausrutscher, aber er hatte sich gebessert. Jawohl! So sollte es auch bleiben. Und, sind wir doch mal ehrlich: wie oft vergessen die Erwachsenen etwas oder halten ihre Versprechen nicht oder nur teilweise ein. Johannes konnte davon ein Lied singen. Klar, es gab oft auch wichtige Gründe dafür, dass die Erwachsenen so waren, wie sie waren. Aber das verstehe einer, wenn er erst sieben oder acht Jahre alt ist.

Wenn man alles so rundum betrachtete, konnten Mama und Papa eigentlich ganz zufrieden mit ihm sein. Und sie waren es auch. Auf vieles, was er getan und erreicht hatte, waren sie sogar sehr stolz. Und auch Johannes konnte sich über die beiden nicht beklagen. Er war also nudeldick mit sich und der Welt zufrieden. Und das sah man ihm auch an.

„Die Sonne meint es heute aber verdammt gut", dachte Johannes.

Er saß mit seinen Eltern im Auto und war unterwegs. Natürlich ging es wieder mal nur ganz langsam vorwärts. Stau und wieder Stau. Es war Freitagnachmittag, die Leute hatten Feierabend und wollten raus aus der Stadt und ein wunderschönes sonniges Sommerwochenende irgendwo draußen verbringen. Diese Idee schienen aber alle Menschen auf einmal zu haben. Es ging und ging nicht vorwärts.

Johannes wurde ungeduldig und ihm war warm. Er drehte das Fenster herunter.

„Johannes, dreh bitte das Fenster wieder hoch. Es zieht, und du wirst krank", hört er seine Mama sagen.

„Hmm. Ist ja schon gut. Ich werde schon nicht krank. Es ist so warm", knurrte Johannes zurück, drehte das

Fenster aber wieder hoch, wobei ihm sein Versprechen einfiel.

„Papa, wann sind wir denn endlich da?", fragte er.

„Wenn es soweit ist, sind wir da", antwortete sein Papa.

„Na, tolle Antwort. Typisch. Das weiß ich auch alleine", dachte Johannes, sagte aber nichts.

Es war eben zu warm, und es ging nicht voran. Verdammt!

Dabei hatte er es wirklich eilig und war schon ganz aufgeregt. Er fuhr nämlich zu seinem Onkel. Und das war aufregend. Er war schon so lange nicht mehr dort gewesen.

„Papa, warum war ich eigentlich schon so lange nicht mehr bei Onkel Horst?" fragte er.

„Junge, das weißt du ganz genau. Frag doch nicht so viel", antwortete sein Papa.

Erstens war das gar nicht viel gefragt, und zweitens wusste er es nicht. Er hatte nur mal etwas gehört.

„Da kommt der Junge nicht mehr hin", hatte er mal seinen Papa zur Mama sagen hören, „da wird er total verzogen, und ich habe dann den Ärger mit ihm."

Seine Mama hatte darauf nichts gesagt. Warum eigentlich nicht?

Und überhaupt: das war natürlich alles großer Quatsch. Verzogen - was sollte das denn heißen?! Das hatte er nicht verstanden. Er wusste nur, dass es bei Onkel Horst immer ganz toll war. Er verbot ihm nicht immer alles, na klar. Weshalb hätte er denn sonst auch hinkommen sollen, wenn er ihm alles verbieten sollte? Und schlimme Dummheiten hatte er nicht gemacht. Nicht ein einziges Mal. Es war immer schön gewesen. Aufregend, spannend und schön. Da waren

Johannes freute sich auf die Zeit bei Onkel und Tante und war schon ungeduldig.

auch noch seine Tante Eva und sein Cousin Sven. Und die machten auch immer tolle Sachen mit ihm und zeigten ihm alles und spielten mit ihm. Aber verzogen? Quatsch!

Er konnte sich noch sehr gut an die vielen Dinge erinnern, die er mit seinem Onkel unternommen hatte. Ausflüge, Besichtigungen, Theater, Zoo und so viele andere Sachen mehr. Sein Onkel hatte immer für ihn Zeit. Seine Eltern nicht. War ja klar. Sie mussten arbeiten und alles in Ordnung halten. Das tat sein Onkel zwar auch, aber nicht, wenn er dort war. Dann hatte er Zeit für ihn. Es war ja auch meistens nicht für so lange Zeit, dass er dort war. Leider. Aber es war immer toll.

Und die Abenteuer. Genau. Daran konnte er sich am besten erinnern. Was war da nicht alles passiert!

Zum Beispiel die Sache mit dem Räuberturm. Johannes musste noch schmunzeln, wenn er an den Räuberhauptmann und seine Bande dachte, den er, unter seiner Tarnkappe verborgen, in die Flucht schlug und so einen Überfall auf die braven Kaufleute verhinderte.

Oder die Sache mit dem großen Stein. Wie war das aufregend, als er so klein wie eine Ameise wurde und mit ihnen zum großen Stein lief, der dann seine Geschichte erzählte.

Da waren auch noch die Abenteuer mit dem wunderschönen Segelschiff, die Geschichte mit dem Glückstaler und auch die Sache mit dem Teddy Brumm.

Ja, er war ja zugegebenermaßen ganz schön unordentlich. Aber das hatte sich inzwischen auch gebessert und war, wenn man es genauer betrachtete, jetzt doch schon ganz gut.

Es war immer ganz prima gewesen. Sie waren beide die besten Freunde gewesen.

Und es war so unendlich lange her, seit er ihn das letzte Mal gesehen hatte. Ob sein Onkel ihn überhaupt noch erkennen würde?

Onkel Horst hatte immer geschrieben und auch oft Bilder mit in die Briefe gelegt. Die Briefe waren schön, und nun konnte Johannes sie ja auch selbst lesen. Er war also über alles immer unterrichtet und wusste Bescheid, was so bei seinem Onkel geschehen war.

Aber, und nun bekam Johannes doch ein schlechtes Gewissen und ein flaues Gefühl im Bauch, er hatte nie zurückgeschrieben. Obwohl er ja schon lange prima schreiben konnte. Er war einfach zu faul gewesen. Das war nicht schön. Und plötzlich fühlte er sich nicht besonders gut.

Aber er freute sich so sehr auf das Wiedersehen und die kommende Zeit bei seinem Onkel, dass er seine Sorgen bald vergaß.

Und das war auch gut so. Denn sein Onkel war ihm deshalb nie böse gewesen. Nein, er hatte ihn ganz doll lieb, und Johannes war und blieb immer sein bester Freund. Das spürte Johannes auch ganz tief in seinem Herzen. Und darum konnte er auch seine Sorgen vergessen, und der Sommerferientag war so schön, wie er begonnen hatte.

Johannes war so mit seinen Gedanken beschäftigt, dass er gar nicht merkte, dass sie schon in der Stadt waren, in der sein Onkel wohnt. Nun mussten sie nur noch durch die Stadt, denn er wohnt außerhalb in einer Siedlung dicht am Wald und an den Abenteuern.

Er erkannte alles wieder. Noch eine Linkskurve und schon sind sie in der Straße. Da hinten steht das Haus. Davor der weiße Zaun. Der weiße Zaun? Der war doch immer blau.

„Aha, der Zaun ist also neu", dachte Johannes. Da kommen auch schon sein Onkel, seine Tante und Sven vor die Gartentür.

Johannes hielt es nicht mehr auf seinen Sitz. Er schnallte sich ab (das ist verboten, er weiß es) und zappelte umher und winkte und winkte.

Alles war wie früher: der Garten, das Haus, der Rasen, die Bäume. War sein Spielzeug noch da? Wie geht es wohl dem Opa und Onkel Horst? Alle winkten und freuten sich auf ihn. Ja, es war alles so wie früher.

Es ist Sommer, es sind große Ferien, und die Sonne schickt ihre hellsten und schönsten Strahlen.

Und nun waren sie endlich da. Die Abenteuer warteten auf ihn.

2

Ja, nun waren sie endlich da. So schnell ist Johannes sonst fast nie aus dem Auto raus. Alle umarmten und knuddelten ihn. Und das war ihm nicht einmal unangenehm, obwohl er so etwas sonst eigentlich nicht leiden konnte. Er freute sich riesig und merkte auch, dass sich alle anderen genauso freuten.

„Er ist mir also doch nicht böse, dass ich nicht geschrieben habe", dachte Johannes, und seine Laune wurde noch besser.

Dann gingen alle ins Haus, und Johannes bekam ein großes Glas mit kaltem Saft.

Oh Mann, wie tat das gut. Bei all der Aufregung hatte er gar nicht gemerkt, was er für einen großen Durst bekommen hatte.

Anschließend gab es was zu futtern. Johannes hatte eigentlich gar keinen Hunger. Aber der Kuchen von Tante Eva war früher immer schon Spitze gewesen und daran hatte sich nichts geändert. So haute Johannes tüchtig rein. Noch dazu sein Lieblingskuchen. Schokolade mit Kirschen. Genau das ist es. Es schmeckte phantastisch.

Und doch, so richtig stillsitzen konnte er nicht. Da nutzten auch die mahnenden Blicke von Mama und Papa nichts. Johannes wollte raus. In den Garten. Er wollte nachsehen, ob wirklich noch alles so war wie früher.

So stieß er seinen Onkel heimlich unter dem Tisch mit den Füßen an. Und der verstand natürlich sofort.

„Ich glaube, vom vielen Essen ist mir ganz schlecht. Und Johannes geht es sicher nicht anders. Wir müssen wohl erst einmal an die frische Luft", sagte sein Onkel.

Johannes machte auch gleich ein leidendes Gesicht, konnte aber sein Schmunzeln nicht verbergen. Schnell sprang er auf und war auch schon mit seinem Onkel nach draußen verschwunden. Die anderen konnten gar nicht so schnell gucken.

„Wisch dir den Mund ab, er ist noch ganz voll Schokolade", riet seine Mama.

„Tobe nicht so umher und schrei nicht so laut", mahnte sein Papa.

Aber, ach Quatsch, das hörten Johannes und sein Onkel schon gar nicht mehr richtig. Sie wollten nur raus und umherstöbern. Die olle Schokolade geht schon von alleine ab, und das bisschen Schreien hört hier auch keiner. Also, wozu auf so unnütze Ermahnungen achten. Es ging los. Der Tag fing an, richtig zu werden.

Natürlich war alles so, wie es Johannes in der Erinnerung hatte. Und doch war vieles anders. Sein Onkel hatte ihm ja immer in den Briefen über Veränderungen und Erneuerungen geschrieben. Doch Johannes konnte es sich nicht richtig vorstellen. Nun sah er alles ganz genau. Da gab es einen neuen Hofzaun, die Gartenwege waren neu gepflastert und der ganze Vorgarten war neu. Vieles hatte sich verändert.

Vor allem die Bäume. Besonders die Tannen. Wie waren die gewachsen. Damals war Johannes noch größer gewesen als viele von den Tannen. Er war ja damals noch ziemlich klein. Und nun? Er musste seinen Kopf ordentlich in den Nacken legen, um die Spitzen sehen zu können.

Und doch war ihm alles so sehr vertraut. Er fühlte sich wohl. So, als sei er nie weg gewesen. Ihm wurde richtig warm zumute. Aber mehr von innen her, so aus dem Herzen.

Johannes schaute also in alle Ecken und Winkel. Immerzu entdeckte er etwas Neues. Und das Fragen nahm kein Ende. Natürlich wusste der Onkel auf alles eine Antwort und konnte so gut erklären.

Nun spürte auch der Junge: sein Onkel war sein bester Freund geblieben.

Plötzlich aber blieb er wie angewurzelt stehen und merkte, wie seine Knie ein wenig weich wurden. Sein. Onkel hatte nämlich eine Frage gestellt, vor der er sich doch etwas fürchtete.

„Warum hast du mir eigentlich nie geschrieben?", war die Frage, die Johannes wie von weit her hörte.

„Nun ja, äh, ja weißt du, was soll ich sagen, manchmal war dies und dann wieder jenes", druckste Johannes herum.

„Onkel Horst", sagte er dann aber, „ich war einfach zu faul." „Gut, dass du nicht geschwindelt hast. Nun wollen wir die Angelegenheit vergessen und nicht mehr davon reden. Gut so?"

Johannes fiel seinem Onkel um den Hals und eine kleine, aber wirklich nur eine ganz kleine, winzige Träne rann über seine Wange. Alles war gut.

„Wann gehen wir in den Wald? Wann fahren wir mit dem Rad?", sprudelte es nur so aus Johannes heraus. Wann machen wir dies und wann machen wir das? Die Fragen wollten gar kein Ende nehmen.

„Nun, mein Junge, alles der Reihe nach. Wir haben so viel Zeit, und wir lassen nichts aus. Überlege dir, was du zuerst machen willst, und dann kann es schon bald losgehen. Du weißt, ich habe viel Zeit", sagte sein Onkel.

So gingen beide weiter durch den Garten und redeten über viele Dinge.

Johannes schaute, eigentlich ohne jeden Grund, plötzlich in eine abgelegene Ecke. Da hatte einmal, vor vielen Jahren, der „Osterhase" für ihn eine kleine Schubkarre versteckt. Er wusste natürlich, dass es den Osterhasen eigentlich gar nicht gab. Aber es war doch schön zu wissen, dass es ihn vielleicht doch geben könnte. So ganz sicher war und wollte er sich da nicht sein.

Aber diesmal erregte etwas ganz anderes seine Aufmerksamkeit. Hatte sich dort in der Ecke nicht eben etwas bewegt? War da nicht ein ganz leises und feines Wispern zu hören? Oder hatte er sich nur getäuscht? Aber das war fast unmöglich. Da war etwas gewesen. Er konnte nicht sagen was, aber etwas war es. Sein Onkel hatte ihm früher schon erzählt, dass in seinem Garten ein Geheimnis sei. Johannes hatte aber nie herausgefunden, was es ist. Und gesagt hatte es ihm sein Onkel auch nicht.

„Wenn du mal größer bist, wirst du es von alleine herausfinden", hatte er nur immer gesagt.

War es jetzt etwa soweit? Zu fragen traute er sich aber auch nicht so richtig. Man würde die Sache weiter beobachten und zum richtigen Zeitpunkt doch noch mal fragen müssen.

Beim Weitergehen drehte sich der Junge öfter um. Das bemerkte auch sein Onkel, sagte aber nichts.

„Ist Johannes heute auf mein Geheimnis gestoßen?", fragte er sich im Stillen.

Das wäre toll, aber auch nicht ganz ungefährlich. Denn da gab es wirklich etwas, dass er ihm bisher noch nicht gezeigt und erklärt hatte. Einfach deshalb, weil er früher noch zu klein war und es nicht verstanden hätte. Außerdem war es ganz wichtig, dass Johannes selbst das Geheimnis herausfand. Nur so konnte er sicher sein, dass er es auch verstand und bereit war, jetzt mit ihm gemeinsam das zu erkunden, was er sich allein früher nicht getraut hatte. Früher, als er selbst noch ein kleiner Junge war.

Er hatte nämlich entdeckt, dass es dort in dieser Gartenecke eine Stelle gab, an der sich ständig etwas veränderte, ohne dass jemand etwas dazu getan hätte. Und da sich nichts von alleine ständig verändert (es waren zwar nur kleine und unbedeutende Dinge) musste dort jemand oder etwas sein.

Und so war es auch. Eines Tages entdeckte er ein winziges, kleines Männchen. Das sprach zu ihm und stellte sich vor.

*Schattenhaft hatte Johannes etwas gesehen.
Was war das nur?*

„Guten Tag", sagte es eines Tages, „ich bin ein Munk und lebe hier schon seit vielen hundert Jahren. Ich tue niemandem etwas zu leide, ich mag die Menschen. Und ganz besonders die, die an mich glauben. Denen kann ich eine Menge zeigen. Vor vielen Jahren lebten wir mit den Menschen gemeinsam. Aber es glaubten immer weniger an uns. Und so war es uns eines Tages nicht mehr möglich, den Menschen Gutes zu tun. Wir zogen uns dorthin zurück, wo wir ungestört leben konnten und die Hoffnung hatten, dass an diesem Ort irgendwann mal wieder ein Mensch an uns glaubt. Es ist schön, dass mich hier niemand gestört hat. Und immer habe ich gewusst, hier wird es mal wieder jemanden geben, der an mich glaubt. Es kann mich nur sehen, wer fest an mich glaubt und auch glaubt, dass es uns Munks gibt. Wenn du an mich glaubst, kann ich dir wunderbare Dinge in der Welt zeigen, und wir können gemeinsam große Abenteuer bestehen."

Sein Onkel Horst war natürlich damals sehr erschrocken gewesen, rannte weg und traute sich lange Zeit nicht mehr in diese Ecke des Gartens. Eines Tages schaute er aber doch wieder hin und sah den Munk. Er war froh, ihn wiedergesehen zu haben. Er sprach mit niemandem über das Erlebnis. Er glaubte fest daran, dass es den Munk wirklich gab. Und gerade deshalb hatte er Angst, der Sache auf den Grund zu gehen.

Im Laufe der Jahre verblasste die Erinnerung an den Munk mehr und mehr (andere Dinge wurden wichtiger), bis er ihn schließlich fast vergaß. Aber den Glauben daran gab er nie auf. Tief im Unterbewusstsein glaubte er an die Existenz des Munk und anderer Gestalten. Aber er hatte es vergessen. Er glaubte, dass all die anderen Sachen wichtiger waren, als der Glaube an den Munk. Vor langen Jahren, als er zufällig mal wieder in diese wirklich abgelegene Ecke des Gartens kam, erinnerte er sich an das Erlebnis von damals. Er erinnerte sich an alles und wusste plötzlich, dass er wirklich an den Munk glaubte. Ja, er glaubte nach wie vor an den Munk. Und da war er auch wieder.

„Schön, dass du mich nicht vergessen hast und an mich glaubst", sagte der Munk, „nur bist du heute viel zu groß, als dass ich mit dir Abenteuer erleben könnte. Es sei denn, du hättest ein Kind bei dir. Mit dem könnte ich Abenteuer erleben. Ja, das ginge. Du aber bist jetzt zu groß."

Mit diesen Worten war er auch schon verschwunden. Und mit der Zeit auch wieder die Erinnerung an den Munk.

Jetzt stand plötzlich alles wieder vor ihm. War es möglich, dass Johannes den Munk gesehen hatte? Er wollte nichts sagen und abwarten, ob und was Johannes dazu sagen würde. Sie hatten ja beide so viel Zeit.

So gingen sie erst einmal wieder ins Haus. Mama und Papa wollten auch wieder nach Hause. Sie verabschiedeten sich von allen und gaben Johannes viele gute Ratschläge und Ermahnungen: „Sei schön artig! Höre, wenn Onkel Horst und Tante Eva was sagen! Mach dich nicht so schmutzig! Tobe nicht so viel umher und, und, und, und ..."

Johannes versprach alles und seine Eltern stiegen ins Auto und fuhren los. Er winkte so lange hinterher, bis sie um die Ecke und nicht mehr zu sehen waren.

Nun wurde es auch so langsam Abend und somit Schlafenszeit. Da hieß es also nun ab in die Badewanne und dann ins Bett.

Als er ins Bad ging, staunte er nicht schlecht. Es gab ein ganz neues Bad. Das alte war zwar auch nicht schlecht gewesen, aber das neue war toll. Er badete also ganz ausgiebig und wurde dabei so richtig schön müde.

Als sein Onkel ins Bad kam, fragte er: „Onkel Horst, kannst du mich ins Bett tragen? Ich bin so müde!"

Das tat sein Onkel natürlich, und es dauerte gar nicht lange, da schliefen sie beide ganz dicht aneinander gekuschelt ein und träumten von den Abenteuern, die sie erleben würden.

3

So begann der nächste Tag. Die Sterne verblassten immer mehr, und ganz weit im Osten regte sich die Sonne und schaute noch etwas verschlafen über den Himmelsrand. Im Nu war sie aber ganz wach und beschloss, diesen Tag besonders schön werden zu lassen. Zu ein paar kleinen frechen Wolken, die sich gerade am Himmel dick und breit machen wollten, sagte sie: „Seid heute mal nett und lasst es nicht regnen. Es gibt ein paar Menschen, für die es ein besonders schöner Tag werden soll. Und für die will ich ganz hell und klar scheinen."

So richtig wollten die Wolken aber nicht weggehen. „Wir müssen es doch mal wieder regnen lassen", sagten sie, „die Erde ist schon ganz trocken, und die Pflanzen haben Durst."

„Nun gut", sprach die Sonne, „lasst es jetzt regnen. Die Menschen schlafen noch alle, und es stört niemanden. Ihr habt recht: die Pflanzen und auch die Tiere brauchen wieder Wasser. Aber macht nicht zu lange. Es wird nicht mehr lange dauern, und die ersten Menschen werden wach und sollen sich doch über diesen wunderschönen Tag freuen."

Da machten sich die Wolken sogleich bereit und schickten einen kräftigen warmen Regen zur Erde. Die Pflanzen und Tiere tranken sich so richtig satt, wurden wieder stark und erholten sich von der Trockenheit. Danach verschwanden die Wolken und die Sonne konnte ihre hellsten, wärmsten und schönsten Strahlen zur Erde schicken. Es sah alles prächtig aus. Ganz leichter Nebel, der durch den Regen entstanden war, verzog sich schnell wieder, und es wurde richtig schön. Die ersten Vögel begannen ihre Morgenlieder zu singen und trällerten und jubilierten in den lichten Morgen. Diejenigen Tiere, die die ganze Nacht über wach waren, machten sich zum Schlafen bereit. Dazu gehörten besonders die Eulen. Nach einem allerletzten „Uhu" begaben sie sich zur Ruhe. Die anderen Tiere begannen mit ihren Morgenarbeiten. Die Ameisen waren schon emsig bei der Arbeit und auch die anderen beeilten sich, ihr Tagwerk zu beginnen. Es war ein wunderschöner Morgen, wie es ihn nicht alle Tage zu sehen gibt. Die ganze Natur atmete kräftig durch, bereitete sich auf diesen Tag vor und freute sich auf all die schönen Dinge.

Das alles sahen und merkten Johannes und sein Onkel aber nicht. Sie lagen noch in ihren Betten und schliefen tief und fest. Der vergangene Tag war eben doch recht anstrengend und aufregend gewesen. Da mussten sie sich erst einmal richtig ausschlafen, um neue Kraft für den Tag zu sammeln, der ihnen doch Abenteuer und Freude bringen sollte. Und es war ja auch wirklich noch sehr, sehr früh.

Wollen wir die beiden noch etwas schlafen lassen und sehen, was es sonst noch draußen im Garten und Wald gab.

Überall sah es nach dem Regen frisch und grün aus. Es hatte wirklich schon lange nicht mehr geregnet. Und alle Pflanzen und Tiere brauchen zum Leben nun einmal das Wasser. Nur mit ausreichend Wasser, Licht und Wärme können sie wachsen, blühen und gedeihen, nur so können sie leben und sich vermehren. Das ist für alles Leben das Wichtigste. Im Wasser sind Dinge enthalten, die zum Leben gebraucht werden. Und nur wenn alles richtig stimmt, und die Natur in Ordnung und gesund ist, können Tiere und Pflanzen wachsen und gedeihen, also leben.

Die Pflanzen und Blumen räkelten sich also so richtig der Sonne entgegen. Sie breiteten ihre schönsten Blüten aus, so dass es ordentlich bunt im Garten wurde. Auf der Wiese war es auch ganz bunt. Die kleinen Gänseblümchen machten sich zwar recht breit, aber sie konnten nicht verhindern, dass auch die anderen Blumen hervorkamen. Es war ein richtiges Gedrängel auf dem Rasen. Die kleinen Ameisen hatten es ordentlich schwer, durch die dicken und kräftigen Grashalme zu kommen. Und dabei mussten sie noch die ganze Last der Dinge schleppen, die sie zum Bauen ihres Ameisenhaufens brauchten. Das war ganz schön schwer.

Die Vögel flogen aufgeregt umher. War da nicht eine Katze unterwegs? Etwa zu ihrem Nest, wo die kleinen Vogeljungen saßen? Nein, wohl doch nicht. Aber die Jungen piepten und riefen nach Futter. Sie hatten über Nacht großen Hunger bekommen und wollten frühstücken. Da mussten sich die Vogeleltern sehr beeilen, um die vielen Schnäbel stopfen zu können.

Man konnte beinahe zusehen, wie die kleinen Äpfel, die ja noch grün und unreif waren, sich mit süßem Saft vollsaugten. Ja, man konnte fast zusehen, wie sie wuchsen, rund, dick und süß wurden.

Überall herrschte unendliches Leben und Emsigkeit. Alles war in Bewegung. Es war herrlich, dieses Leben, dieser beginnende Tag.

Und dann war da noch der Munk. Ihr erinnert euch? Ja, der also war nun schon lange wach und hatte genau zugehört, wie sich die Sonne und die Wolken unterhielten. Er beobachtete alles sehr genau und merkte sich alles. Es war eben ein ganz besonderer Munk. Die Munks sind zwar alle etwas ganz Besonderes, aber der war eben ganz besonders Besonders.

Er saß also auf der Bank vor seiner kleinen Wohnung und kraulte sich, ganz in Gedanken versunken, seine grauen Haare. Dabei machte er sich so seine Gedanken über Johannes und seinen Onkel.

Den Onkel kannte er ja schon viele Jahre. Leider war er nie näher mit ihm in Kontakt gekommen. Woran lag es wohl? Na, wie auch immer. Aber er glaubte an ihn. Sonst hätte er ihn ja nicht sehen können. Und das war schließlich das Wichtigste.

Aber der Johannes. Der war sicher aufgeschlossener. Und dazu ein pfiffiges Bürschchen. Das hatte der Munk gleich gemerkt. Mit dem Johannes konnte man sicher ein richtig schönes Abenteuer bestehen.

Der Munk beschloss also, die beiden gut zu beobachten und, wenn es sich ergeben sollte, mit Johannes zusammen auf eine Reise zu gehen, wobei sie viel lernen konnten. Man musste abwarten. So begann dann auch der Munk sein Tagwerk.

Nun wird es aber Zeit, dass Johannes und sein Onkel endlich aufwachen. Es war zwar immer noch recht früh. Aber nur wenn man den Tag früh beginnt, kann man ihn auch richtig nutzen und viel erleben. Die Sonne beschloss, etwas nachzuhelfen. Sie kitzelte den Jungen erst an den Zehen, die frech unter der Bettdecke hervorschauten. Da geschah aber nichts. Nun krabbelten ihre Strahlen etwas höher und erreichten die Nasenspitze des Jungen. Endlich regte sich Johannes. Er musste kräftig niesen. Dann reckte und streckte er sich und schlug die Augen auf. Einen ganz kleinen Moment wusste er nicht, wo er war. Aber sofort fiel ihm alles wieder ein.

Wo war aber sein Onkel? Aha, da lag er ja unter der Decke. Na, so ein fauler Bursche. Ganz sachte und leise schob er sich an ihn heran. Zuerst zog er ein bisschen an der Bettdecke. Er bewegte sich nicht. Also musste er zu wirkungsvolleren Mitteln greifen. Er krabbelte an seinen Ohren. Immer noch nichts.

„Ist das ein Langschläfer", dachte Johannes und kniff ihm in die Nase.

Darauf hatte sein Onkel nur gewartet. Er war natürlich schon lange wach und bewegte sich nur nicht. Er wollte sehen, was Johannes tun würde. Nun griff er aber blitzschnell zu. Johannes bekam natürlich einen großen Schreck und kreischte fürchterlich.

Und dann gab es eine Morgenschlacht. Kissen flogen umher und das Lachen und Schreien wollte gar kein Ende nehmen. Als dann auch noch Sven dazukam, wurde es so richtig munter. Nichts war sicher, alles flog umher.

Endlich schaute seine Tante Eva zur Tür herein.

„Was ist denn hier los?", fragte sie ganz aufgeregt.

Da flog ihr auch schon ein Kissen an den Kopf, und sie verließ fluchtartig das Zimmer, so dass die drei schrecklich lachen mussten.

Nach einer Weile waren sie aber so erschöpft, dass sie sich noch einen Moment ausruhen mussten. Sie alberten noch ein bisschen herum, und dann ging es ganz schnell raus aus den Betten.

Nachdem im Bad alles erledigt war (ausnahmsweise wurde nur mal „Katzenwäsche" gemacht), wurde gefrühstückt. Tante Eva hatte den Frühstückstisch sehr schön mit den leckersten Sachen gedeckt. Es sah toll aus und schmeckte herrlich. Kochei, Wurst (natürlich nur die, die Johannes auch besonders gerne aß), seine Lieblingsmarmelade und frische Brötchen. Johannes haute kräftig rein. Er war ordentlich hungrig.

Endlich waren sie fertig. Sie überlegten, was sie zuerst machen wollten. Am liebsten hätte Johannes alles auf einmal getan. Er war so neugierig und aufgeregt. Gestern hatte er gar nicht alles sehen können. Wie war es im Garten, im Wald? Was machte sein Spielzeug? Wie sah alles aus? So viele Fragen.

Dann beschlossen sie aber, zuerst in Ruhe alles anzuschauen und in den Wald zu gehen. So machten sie sich fertig. Tante Eva hatte ein großes Stullenpaket mit vielen Überraschungen zurechtgemacht. Das durfte natürlich auf keinen Fall vergessen werden.

Und nun ging es endlich los. Sie traten vor die Tür, und ein wunderschöner Morgen nahm sie in Empfang. Es war zauberhaft. Die Sonne schien, und es war warm. Es roch nach frischer Erde und Regen. Die Sonne hatte mit ihren Strahlen aber schon alle Pfützen aufgeleckt. Nur ganz vereinzelt stand noch etwas Wasser am Wegesrand. Ein paar letzte Tautropfen glitzerten an den Blättern und Grashalmen. Dort nämlich wo die Sonne noch nicht richtig hinkam. Sie hatte sie für die beiden aufgehoben. Die Schmetterlinge flogen, und die Bienen sammelten schon fleißig Nektar. Es war so viel Bewegung und emsiges Treiben rundumher, dass Johannes es gar nicht auf einmal fassen konnte. Er wollte alles sehen, hatte so unendlich viele Fragen. Der Tag versprach mehr als nur schön zu werden.

Nun gingen sie aber zum Wald. Bis dorthin war es ja nicht weit, und Johannes kannte den Weg noch ganz genau. Aber es hatte sich vieles verändert. Da waren inzwischen neue Häuser gebaut worden, und es gab sogar neue Straßen. Nun musste Johannes doch ein bisschen aufpassen, dass er sich zurechtfand.

Schließlich kamen sie aber doch am Waldrand an. Hier war es ganz still, und es waren noch keine anderen Menschen da. Darüber freuten sich die beiden sehr, und Onkel Horst sagte: „Bloß gut, dass wir so früh losgegangen sind. Nun können wir noch ungestört durch den Wald streifen und alles ansehen und beobachten. So früh am Morgen ist es doch am schönsten."

Da gab ihm Johannes recht und war nun auch selbst froh, dass sein Onkel zu frühem Aufbruch geraten hatte.

Hier im Wald war alles so, wie er es noch von früher her kannte. Er erinnerte sich genau. An besondere Bäume wie zum Beispiel an die alte Sumpfzypresse am Fluss oder an die undurchdringlich dichten Büsche der wilden Rosen. Und auch die Bienen, Schmetterlinge und Vögel flogen noch so wie früher umher. Ja, hier war noch alles so geblieben. Und darüber freute er sich sehr.

Sie gingen zuerst zum Spielplatz. Aber viel schaukeln und wippen und rutschen wollte er heute nicht. Dazu war er viel zu aufgeregt und wollte alles sehen.

Dann ging es weiter zur Pommesbude. Zuerst wollte er seinen Onkel bitten, ihm Pommes mit Ketchup zu kaufen. Dann erinnerte er sich aber an das Esspaket von Tante Eva und wollte plötzlich keine Pommes mehr. Im Paket waren ganz sicher viel bessere Dinge.

Als sie am Ameisenhaufen vorbeikamen, achtete Johannes sehr sorgfältig darauf, dass er keine der Ameisen zertrat und, blieb ganz ruhig stehen. Er beobachtete die Tiere genau, und manchmal war es ihm, als ob eine Ameise ihm ganz flüchtig zublinzeln würde. Erinnerten sie sich noch an ihn und ihre gemeinsamen Abenteuer?

Auch den großen Stein begrüßte er wie einen guten alten Freund und streichelte einmal ganz sacht über seine alte und raue Oberfläche. Zuckte der Stein dabei vielleicht ganz unmerklich zusammen und erkannte ihn wieder?

Als sie beim alten „Räuberturm" ankamen, kam es Johannes so vor, als wenn er schon von weitem mit seinem Dach wackeln würde. Sicher konnte er sich noch genau an das Räuberabenteuer erinnern.

„Wie lange ist alles nur schon her? Und doch ist es so, als wenn es erst gestern gewesen wäre", dachte Johannes und wurde ein bisschen traurig, weil er so lange nicht bei seinem Onkel gewesen war. Doch er konnte ja nichts dafür, und nun war er ja wieder hier und wollte mit ihm diese Zeit so richtig ausnutzen.

Nun waren sie an den meisten Plätzen gewesen, und Johannes war glücklich. Aber, da es inzwischen schon später Vormittag geworden war, hatte er auch schon tüchtig Hunger bekommen.

„Onkel Horst", rief er darum, „wollen wir nicht endlich mal unser Picknickpaket aufmachen und futtern? Ich habe schon großen Hunger!"

Da bemerkte sein Onkel, dass auch er großen Hunger bekommen hatte.

„Los, suchen wir uns ein schönes Plätzchen, und lassen uns das Essen gut schmecken", antwortete er.

Schon nach kurzer Zeit hatten sie einen abgelegenen und wunderbar einsamen Platz gefunden. Wie war es hier schön! Die Sonne schicke ihre wärmsten Strahlen durch das dichte, grüne Blätterdach der Bäume und malte auf dem Waldboden die wunderbarsten Bilder. Die Bienen und Schmetterlinge flogen emsig umher. Nur die Vögel schienen ihren Mittagsschlaf zu halten und sangen nur ganz vereinzelt und sehr leise hier und da ein kleines Liedchen. Und ruhig war es! Kein unangenehmer Laut drang zu den beiden durch. Es roch nach Wald und Pilzen. Diesen Duft kannte er noch ganz genau und würde ihn wohl auch nie vergessen. Es war einfach wunderbar, und dem Jungen wurde es ganz warm ums Herz. Aber auch seinem Onkel erging es nicht anders. Beide waren sehr, sehr froh, wieder beieinander sein zu können.

Nun wickelten sie aber ihre Pakete auf. Das taten sie vorsichtig, damit sie die wunderbare Mittagsstille des Sommerwaldes nicht störten.

Und Johannes machte große Augen. Was hatte Tante Eva da alles eingepackt? Es war so lecker, dass ihm schon beim

Bei einem Picknick im Wald ließen sich die beiden alles gut schmecken.

Anblick das Wasser im Munde zusammenlief. Kartoffelsalat mit Bockwurst und selbst gebratenen Bouletten. Dazu Salat aus dem Garten. Schinkenstullen, Tomaten und Gurken. Wie das duftete! Herrlich! Brause und Saft. Selbst zum Naschen hatte sie etwas eingepackt.

„Sei nicht so laut", sagte Onkel Horst, „du störst ja die Mittagsruhe im Wald. Außerdem geht es jetzt los, und du bekommst etwas zu essen."

Da musste er mit seinem Onkel doch lachen. Aber nicht so laut. Und dann ging es los. Sie langten tüchtig zu und ließen es sich wunderbar schmecken.

Schließlich waren sie beide so richtig kugelrund und satt. Es hatte phantastisch geschmeckt. Es war alles nach ihrem Geschmack gewesen. Sie packten die Reste und Abfälle sorgfältig zusammen, so dass nichts liegenblieb. Sie wollten den Wald so verlassen, wie sie ihn vorgefunden hatten. Müll und Abfälle im Wald sind hässlich, und die beiden konnten so etwas gar nicht leiden.

Sie redeten noch ein bisschen und wurden dabei immer ruhiger und stiller. Das gute Essen, der volle Bauch, die letzten Stunden und der warme Wald hatten ihre Wirkung nicht verfehlt. Sie wurden müde. Und ganz allmählich fielen den beiden die Augen zu. Erst Johannes, dann Onkel Horst. Und plötzlich waren die beiden eingeschlafen. Die Sonne rief eine kleine Wolke herbei, die die beiden zudeckte. Aus dem nahen Gebüsch schaute ein Reh heraus und wunderte sich doch sehr, wer hier, mitten im Wald und in seinem Revier, lag und schlief. Da aber alles sehr harmlos aussah, setzte es seinen Weg ruhig fort.

Im Traum erlebten sie beide schon die nächsten Abenteuer und hin und wieder zuckten sie vor Aufregung zusammen.

Als nach geraumer Zeit die Sonne wieder nach den beiden sah, dachte sie sich, dass Johannes und sein Onkel lange genug geschlafen hätten. Darum schickte sie die kleine Wolke fort und kitzelte die beiden mit einem Sonnenstrahl an den Nasen. Erst rührten sie sich nicht, und die Sonne musste ein bisschen kräftiger kitzeln. Da rubbelten sie sich die Nasen, niesten und wachten auf.

Im ersten Augenblick wussten sie gar nicht, wo sie waren. Aber im Nu war alles wieder bewusst und wunderbar. Sie lachten, rieben sich die Augen, standen auf und reckten und streckten sich nach allen Seiten.

„Nun wird es aber Zeit, dass wir uns so langsam auf den Heimweg machen", sagte Onkel Horst.

Auch Johannes stimmte dem zu und so ganz langsam und auf vielen Umwegen liefen sie wieder nach Hause. Nicht ohne unterwegs noch viele Dinge zu beobachten und dabei auch noch zu spielen und sich zu necken.

Endlich, es wurde aber auch langsam Zeit, kamen sie wieder am Waldrand an. Nun war es nicht mehr weit bis zum Haus. Ein ganz kleines bisschen taten ihnen nun auch schon die Füße weh. Doch das war nicht so schlimm. Der Tag war viel zu schön gewesen, um über die Füße nachdenken zu können. Sie hatten so viel erlebt. Und es war so schön.

Als sie zu Hause angekommen waren, mussten sie natürlich gleich alles erzählen, und Tante Eva hörte aufmerksam zu. Ein paar kleine Geheimnisse behielten sie aber für sich. Natürlich staunte sie nicht schlecht über die vielen Dinge und wäre am liebsten dabei gewesen. Aber sie musste ja arbeiten und hatte leider noch keinen Urlaub.

Sie freute sich, dass es den beiden gefallen hatte. „Seid ihr auch richtig satt geworden?" fragte sie. Immer machte sie sich Sorgen darum.

„Ja, sehr. Und es hat toll geschmeckt! Vielen Dank, du bist die beste Tante", rief Johannes.

Der Abendbrottisch war schon gedeckt. Natürlich wieder mit leckeren Sachen. Der weite Weg, die Erlebnisse und die frische Luft forderten ihren Tribut. Sie langten ordentlich zu.

Nun hieß es aber wieder: ab ins Bett. Natürlich vorher noch in die Badewanne. Als alles wieder sauber und frisch war, ging es dann kurze Zeit später in die Federn.

Sie wollten noch einmal über den Tag sprechen und Pläne für morgen machen. Aber dazu kam es nicht mehr. Schnell, ohne dass sie es richtig merkten, fielen ihnen die Augen zu. Und als Tante Eva noch einmal ins Zimmer schaute, schnarchten beiden schon um die Wette und träumten den nächsten Tagen entgegen.

4

Und die Tage vergingen wie im Fluge. Viel zu schnell!

Johannes hatte alle ihm altbekannten Plätze wieder neu besucht und sich gefreut, dass alles noch so wie früher war. Natürlich gab auch viele Veränderungen. Doch die passten alle und waren schön.

Jeden Tag unternahmen sie nun etwas. Oft war auch Tante Eva mit dabei. Sie fuhren mit dem Boot und wanderten viel umher. Sie besuchten den Tierpark und gingen zu einem Aussichtsturm. Den kannte Johannes noch nicht. Er konnte ihn auch noch nicht kennen, weil dieser erst ganz neu war.

Was hatte man da für einen herrlichen Rundblick über die ganze Landschaft. War das dort hinten, ganz weit hinten, etwa schon das Ende der Welt? Aber nein, sicher konnte man so weit nun auch wieder nicht sehen. Und das Ende der Welt gibt es ja auch gar nicht, denn die Erde ist ja rund. Da gibt es kein Ende! Das wusste Johannes natürlich schon. Und doch war es schön, so weit sehen zu können.

Dichter grüner Wald lag unter ihnen. Dazwischen Wiesen und Felder in den verschiedensten Farben. Es flimmerte ordentlich in der warmen Sommersonne.

Ganz leise sein: unter ihnen zog ein Rudel Rehe vorbei. Dabei waren ganz kleine. Waren die niedlich. Viel schöner war das als im Tierpark. Manchmal taten Johannes die Tiere im Tierpark Leid. Konnten sie doch nicht so frei durch die weite Welt streifen.

Nach einer Weile, die Rehe waren längst fort, schnürte ein Fuchs den Berg hinauf. Hatte der eine schöne, buschige Rute. Er schlich ganz langsam und vorsichtig. Sicher hatte er Hunger und war auf der Jagd nach Mäusen.

Eine ganze Weile beobachteten sie das alles. Dann ging es weiter. Immer wieder durch Feld, Wald und Flur.

Es war warm. Und es hatte schon lange nicht mehr geregnet. Das sah man den Pflanzen und Tieren auch an. Einige Blätter der Bäume hingen schon ganz welk und schlaff herunter. Einige fielen sogar schon ab. Das Gras wurde langsam gelb und sah nicht mehr so schön aus. Und erst die Blumen. Viele ließen die Köpfe hängen und manche lagen auch schon richtig um. Sie waren einfach verwelkt.

Und natürlich litten auch die Tiere unter der Hitze. Zu trinken gab es zwar in den Flüssen und Seen noch genug für alle. Aber besonders die kleinen Tiere, die nicht so weit laufen konnten, sahen sehr erschöpft aus.

Die Sonne brannte aber auch heiß vom blauen Himmel herab. Sicher, man konnte baden gehen, brauchte keinen Regenschirm mitzunehmen und konnte mit kurzen Hosen und einem T-Shirt laufen. Aber in der Natur fehlte der Regen sehr. War er doch für alle, auch für die Menschen, so sehr wichtig.

Da man daran nun mal nichts ändern konnte, machte sich Johannes aber keine großen Gedanken darüber. Die Natur würde schon wieder alles in Ordnung bringen.

Dass der Mensch der Natur es aber durch sein oftmals unsinniges Verhalten sehr schwer machte, das wusste der Junge auch. Er hatte sich mit seinem Onkel fest vorgenommen, sich so zu verhalten, dass die Natur durch sie nicht leiden sollte. Wenn man sich aufmerksam umsah und ein wenig über manche Dinge und sein eigenes Tun nachdachte, konnte man der Natur schon viel helfen.

Aber es war Sommer und die Abenteuer lockten. So vieles hatten sie schon erlebt, gesehen und Neues entdeckt.

Die Zeit verging. Wieder fing ein neuer Tag an.

Heute war aber alles es ein bisschen anders. Onkel Horst und Tante Eva hatten einen wichtigen Termin und mussten diesen unbedingt erledigen. Sven war auch nicht da, und so war Johannes ganz alleine. Onkel und Tante konnten sich auf ihn verlassen. Das wussten sie. Er würde keine Dummheiten machen und nichts anstellen. Da hatten die beiden auch gar keine Bedenken und machten sich keine Sorgen. Sie wussten, dass Johannes ein sehr lieber Junge war.

„Erledigt ihr nur eure Angelegenheiten. Ich werde mich schon beschäftigen. Macht euch keine Sorgen", sagte er zu den beiden.

„Ist schon in Ordnung, mein Junge", antwortete Onkel Horst, „Sorgen machen wir uns nicht. Es ist ja nicht mal ein ganzer Tag, und ich weiß, dass du lieb bist. Aber um eines bitte ich dich doch: lauf nicht von zu Hause weg. In der heutigen Zeit kann man nie wissen, was so passiert. Bleib am besten im Garten, schau dir alles an, und wenn du willst, kannst du ja das Unkraut herausreißen und den Pflanzen etwas Wasser geben. Es ist heute wieder besonders warm. Morgen unternehmen wir dann wieder etwas gemeinsam."

„Zu essen habe ich dir alles hingestellt. Du brauchst es dir nur zu nehmen. Du weißt ja, wo alles ist", sagte Tante Eva noch.

Dann fuhren sie los, und Johannes war allein.

Langweilig war es ihm deshalb aber noch lange nicht. Na gut, zum Unkraut zupfen hatte er nun wirklich keine Lust. Und da er noch nicht alle Pflanzen kannte, hatte er auch Sorge, dass er einige Blumen- oder Gemüsepflanzen von Tante Eva ausreißen würde.

Genau: das war ein guter Grund, kein Unkraut zu ziehen. Er war richtig froh und stolz, dass ihm diese Idee gekommen war.

Mit dem Gießen war es schon eine andere Sache. Er tat den Pflanzen etwas Gutes und konnte dabei noch herrlich umhermoddern. Jawohl, genau das würde er als Erstes tun. Gießen. Er nahm sich also den Gartenschlauch, und los ging es. Das tat er natürlich ordentlich und ohne Schaden anzurichten. Er wusste, was ein ordentlicher Garten für Arbeit macht und wollte keinen Unfug machen. Aber anschließend auf dem Rasen mit Wasser planschen, das war toll.

Die Sonne schien warm. Das Wasser war nicht sehr kalt, und es war eine herrliche Erfrischung. So tanzte er mit dem Wasserschlauch umher und hatte mächtig viel Spaß.

Plötzlich und ohne dass er wusste warum, fiel sein Blick in die ganz abgelegene Ecke des Gartens. Da war normalerweise nicht viel los, und es lagen nur Sachen herum, die nicht mehr oder für längere Zeit nicht gebraucht wurden. Also ziemlich uninteressant. Und doch: als er dorthin sah, war ihm plötzlich recht merkwürdig zumute. Warum, das hätte er auch nicht zu sagen gewusst.

Bedächtig drehte er den Wasserhahn zu und ging in diesen Teil des Gartens.

„Hier ist doch die Stelle, wo ich vor ein paar Tagen die seltsamen Geräusche gehört habe. Was wird das wohl gewesen sein?", dachte er so bei sich. Und kaum hatte er das gedacht, hörte er sie schon wieder.

Zuerst wollte er davonlaufen. Aber feige war er ja nun ganz und gar nicht. Und so beschloss er, der Sache auf den Grund zu gehen.

Entschlossen trat er näher. Jawohl, es raschelte, wisperte und grummelte ganz deutlich. So, als wenn jemand Selbstgespräche führen würde und dabei sehr beschäftigt ist. Das konnte doch gar nicht sein. Sofort fielen dem Jungen wieder seine Erlebnisse von früher ein. Da passierten ihm auch die unglaublichsten Dinge.

Wisst ihr noch?

Was war nur heute wieder los?

Obwohl ihm nicht besonders wohl war, ging er doch noch näher heran. Ganz sachte und vorsichtig zwar, aber doch immer näher. Obwohl kein Wölkchen am Himmel war, huschte doch hin und wieder ein Schatten über den Erdboden. Das war alles sehr undeutlich, aber doch genau wahrnehmbar.

Komisch, was war es nur?

Da lag umgedreht ein alter Hauklotz. Auf diesen setzte sich Johannes. Er verhielt sich ganz still und ruhig. Er wagte kaum zu atmen. Nun verspürte er auch noch Durst. Johannes wollte jetzt aber auf gar keinen Fall ins Haus gehen, um zu trinken. Nein, jetzt durfte man nichts verpassen. Er beobachtete alles sehr aufmerksam.

Da war eine Spinne. War sie es etwa gewesen? Nein, das konnte nicht sein. Sie war sehr beschäftigt und ganz in ihre Arbeit vertieft. Die Spinne war gerade dabei, ihr Netz zu spinnen. Das erforderte ihre ganze Aufmerksamkeit. Johannes beobachtete sie. Zuerst spann sie den Grundfaden. Wie das so ging! Aus ihren Spinndrüsen, am hinteren Ende des Körpers, kam ein feiner und glänzender Faden. Den befestigte sie an einem Balken, der aus einem Mauerwerk herausschaute. Dann spann sie nach vier Seiten Haltefäden, und dann ging es immer im Kreis herum, bis das Netz fertig war. Das alles dauerte gar nicht lange. An einem Signalfaden verzog sie sich dann in eine Ecke und wartete, bis sich eine Fliege oder sonst eine Beute in dem Netz verfangen würde.

Johannes schaute aufmerksam zu. Nun war die Spinne aber fertig, und der Junge verlor das Interesse. Nein, die Spinne konnte das nicht gewesen sein.

Aber was war das? Da huschte eine kleine Maus über den Erdboden. Sie berührte dabei ein paar Heuhalme, dass es ganz leise raschelte. War das etwa das Geheimnis? Die Maus rannte hin und her. Jedes Mal wenn sie wieder zurückkam, hatte sie ein paar Körner in ihrem Mund. Sicher hatte sie Junge zu versorgen.

Das huschte und raschelte zwar, aber wispern und grummeln tat es nicht. Also konnte es auch nicht die Maus gewesen sein.

Aber was war es nur?

Johannes beobachtete weiter. Nun schliefen seine Beine ein. Er musste sich mal bewegen. Das tat er aber sehr vorsichtig. Er wollte doch dem Geheimnis unbedingt auf den Grund gehen.

Über ihm flogen unbekümmert die Vögel und fingen für ihre Jungen Insekten. Sicher hatten die Kleinen großen Hunger und Durst.

Johannes schaute mal wieder zur Spinne. Die hatte inzwischen ihr erstes Opfer im Spinnennetz gefangen und machte sich nun darüber her.

Johannes staunte immer mehr, was sich für Dinge in der Natur abspielten, die er bisher noch gar nicht bemerkt hatte. Alles und jeder war so sehr mit seinen Sachen beschäftigt. Nichts war nutzlos, und alles hatte seinen Sinn. Wie oft gehen die Menschen achtlos an Dingen vorüber oder zerstören sie sogar. Er nahm sich fest vor, in Zukunft noch viel aufmerksamer zu sein. Wie oft hatte er unbedacht ein Spinnennetz zerstört. Das wollte er in Zukunft vermeiden.

Selbst die unscheinbaren kleinen Käfer schienen sehr in Eile zu sein und hatten offenbar viel zu tun. Sie rannten und krabbelten nur so umher. Was hatten sie wohl alle vor? Gab es auch für sie so viel zu tun? Aber ganz bestimmt. Sonst würden sie es ja nicht machen. Es wäre interessant zu erfahren, was sie wohl so alles machen. Er würde seinen Onkel danach fragen.

Nun verspürte Johannes aber doch großen Durst. Er überlegte gerade, ob er ins Haus gehen und trinken sollte. Dann müsste er zwar seinen Beobachtungsposten aufgeben, aber im Moment tat sich doch nichts. Alles war ruhig und still.

Da fiel ihm ein, dass er ja vorhin eine Flasche mit Wasser gefüllt hatte, um damit zu spritzen.

Wo hatte er sie nur hingestellt? Ja richtig. Ganz in Gedanken hatte er sie neben den alten Hauklotz gestellt. Und da stand sie natürlich noch immer.

Er griff danach und öffnete sie. Dann nahm er einen herzhaften Schluck. Das Wasser war zwar nicht mehr ganz kalt, aber es schmeckte herrlich frisch. Und so kalt sollte er ja sowieso nicht trinken. Das hatten ihm seine Eltern immer wieder gesagt.

„Trink nicht so hastig die kalten Sachen aus dem Kühlschrank", sagte seine Mutter so oft. Aber gerade so kalt schmeckten sie am besten. Nun, eben hatte er getan, was seine Mutter immer sagte. Er hatte nicht so kaltes Wasser getrunken. Er war richtig stolz auf sich.

Nun, da er seinen Durst gelöscht hatte, war die Welt wieder in Ordnung. Er ließ sich durch nichts ablenken und schaute in alle Ecken und beobachtete alles sehr genau. Aber es tat sich nichts.

Nach einer Weile beschloss der Junge, noch so lange zu warten, bis die kleine Schnecke dort hinten an der Mauer aus dem Schatten bis in den Sonnenschein gekrochen war. Wenn bis dahin nichts geschehen war, wollte er spielen.

Dann hatte er sich wohl getäuscht, und es war doch nichts geschehen. So langsam wurde ihm nämlich langweilig.

Wie langsam aber die Schnecke auch kroch. Konnte sie sich nicht ein bisschen beeilen? Johannes wollte spielen.

Die Schnecke aber wusste ja von all dem nichts und ließ sich Zeit. Gemächlich zog sie dahin, ohne sich auch nur im geringsten zu beeilen. Warum auch? Sie hatte Zeit.

Fast hätte Johannes mit einem kleinen Stöckchen nachgeholfen, damit es etwas schneller ging. Er schaute sich schon suchend danach um. Zum Glück sah er aber keinen.

Endlich, Johannes meinte, es seien Stunden vergangen, erreichte die Schnecke den Sonnenschein, und er wollte gerade aufstehen, da raschelte und wisperte es wieder.

Also doch! Hier gab es also doch ein Geheimnis.

Ganz plötzlich fiel dem Jungen auch wieder ein, was sein Onkel ihm einmal erzählt hatte. Nein, eigentlich erzählt hatte er ihm nichts. Aber damals hatte er auch an dieser Stelle etwas Sonderbares gehört. Er hatte nicht gefragt, und sein Onkel hatte nichts gesagt. Aber angesehen hatte er ihn damals, als wenn in dem Garten ein großes Geheimnis gäbe. War er dem jetzt auf der Spur? Johannes bekam vor Aufregung eine richtige Gänsehaut. Wie würde die Geschichte nur ausgehen? War es gefährlich? Aber bestimmt nicht. Sonst hätte sein Onkel ganz sicher etwas gesagt. Ausgerechnet heute und jetzt war er nicht hier. Immer dasselbe mit den Erwachsenen!

Unruhig rutschte er auf seinem Hauklotz hin und her. Da! Ganz deutlich hörte Johannes das Rascheln. Und auch Stimmen. Und auch eine kleine Gestalt. Ganz deutlich war sie zu erkennen. Zwar winzig klein, aber doch ganz deutlich.

Johannes traute seinen Augen nicht. Da stand plötzlich vor ihm ein winziges Männchen und wurde langsam immer größer, bis es die Größe seines Unterarmes hatte. Es reichte ihm knapp bis an das Knie.

Er konnte es deutlich erkennen. Es sah gut gekleidet und manierlich aus: saubere, leichte Schuhe, eine ordentliche lange grüne Hose, ein blitzsauberes weißes Hemd (was Johannes von seinen T-Shirts nicht immer sagen konnte) und darüber eine rote Weste. Es hatte einen Bart und war ordentlich frisiert. Sein Gesicht war freundlich und hell. Seine Augen leuchteten, und es lächelte Johannes an, ohne etwas zu sagen.

Der Junge starrte das Männchen unentwegt an und wusste gar nicht, was er machen sollte. Angst hatte er keine. Dafür sah es viel zu freundlich und nett aus. Er konnte sich auch nicht vorstellen, dass es böse war. Sonst hätte es ihm schon längst etwas tun können. Seinen ersten Gedanken, schnell wegzurennen, gab Johannes also sofort wieder auf. Dafür gab es keinen Grund.

Aber was sollte er tun? Auch das Männchen tat und sagte nichts. Es schaute ihn nur unentwegt an.

Und das hatte auch seinen Grund.

Wie ihr schon gemerkt haben werdet, war es natürlich der Munk, der schon am Anfang der Geschichte erwähnt wurde. Er konnte aber nur mit einem Menschen in Verbindung treten, wenn dieser ihn zuerst ansprach. Sonst war es ihm nicht möglich. Er musste also warten, bis Johannes etwas zu ihm sagte. Dann konnte er mit ihm reden.

Der Munk wartete also ab. Und Johannes auch. Was sollte er nur tun?

„Ach quatsch, jetzt mal los", dachte Johannes und sagte laut: „Guten Tag, ich heiße Johannes und bin hier im Garten bei meinem Onkel zu Besuch. Das ist ganz prima, denn er ist der beste Onkel auf der Welt, und ich habe ihn ganz doll lieb. Und wer oder was bist du?"

So viel wollte er eigentlich gar nicht sagen, aber es sprudelte plötzlich einfach so aus ihm heraus.

Nun war der Bann gebrochen, und auch der Munk konnte zu Johannes reden: „Guten Tag, Johannes. Ich heiße und bin der Munk. Ich kenne dich wohl. Auch schon von früher her, als du hier im Garten warst."

„Das habe ich mir doch gleich gedacht, da hatte ich also doch Recht, als ich damals diese komischen Geräusche hörte", dachte Johannes.

Der Munk aber sprach weiter: „Du brauchst keine Angst zu haben. Ich tue dir nichts. Wollen wir ein bisschen miteinander reden?"

„Ja, gerne", antwortete Johannes, „ich habe mir schon gedacht, dass hier irgendwas sein musste. Ich bin schon mächtig neugierig, was du mir zu erzählen hast. Und Angst habe ich überhaupt nicht."

Johannes war eigentlich auch gar nicht so sehr überrascht. Hatte er doch früher öfter Abenteuer solcher Art erlebt. Und kaum war er wieder hier bei seinem Onkel, gingen diese tollen und aufregenden Abenteuer weiter. Es war wie ein Zauber bei seinem Onkel.

Nun man wird sehen müssen, wie und was nun weiter geschieht, dachte sich Johannes.

„Dann setz dich mal bequem hin. Ich werde dir alles erklären und erzählen", sagte der Munk.

Johannes machte es sich so bequem wie möglich und richtig, da fing der Munk auch schon zu erzählen an: „Ich bin also ein Munk und heiße auch so. Ich lebe hier schon seit sehr langer Zeit. Ich bin kein Märchenwesen oder so etwas. Ich bin eben der Munk. Sehen oder hören können mich nur Menschen, egal ob Erwachsene oder Kinder, die an mich glauben und in ihren Herzen Wunder und Märchen bewahrt haben. Sie müssen also die Wunder dieser schönen Erde erkennen und sie verstehen und begreifen. Auch dein Onkel sah mich schon und glaubte immer an mich. Nur in letzter Zeit hat er sich sehr rar gemacht. Aber er weiß, dass es mich gibt, und wird dir alles glauben, wenn du es ihm erzählst. Nur hatte er nie den Mut, richtig mit mir in Verbindung zu treten. Er wusste auch, dass du irgendwann einmal mit mir zusammentreffen würdest.

Ich bin also ein Munk und bin kein Märchenwesen, sondern lebe so auf dieser Welt, wie alle anderen auch. Ich gehöre dazu. Natürlich habe ich andere Eigenschaften und Fähigkeiten als ihr Menschen. Sonst wäre ich ja kein Munk. Aber sonst bin ich so normal, wie alles andere auch.

Ich kann dir vieles zeigen und erklären. Ich habe die Gabe, mich ganz winzig klein zu machen. So groß, wie ich jetzt bin, bin ich sonst nicht. Das ist nur, damit du mich sehen kannst.

Ich kann dir die Wunder dieser schönen Welt zeigen. Wenn du willst, können wir damit gleich anfangen."

„Das ist ja alles unheimlich interessant", antwortete Johannes, „aber ich habe meinem Onkel und meiner Tante versprochen, nicht wegzugehen und mich keiner Gefahr auszusetzen. Darum wird es leider nicht gehen."

Da antwortete der Munk: „Mach dir darüber nur keine Sorgen. Mit mir zusammen bist du nie in Gefahr. Es wird auch keiner merken, wenn wir beide unterwegs sind. Es wird so sein, dass in dieser Zeit keiner an dich denkt, und es ist so, als wenn die Zeit stehen bleibt. Natürlich bleibt sie nicht wirklich stehen. Das kann ich nicht. Das kann keiner. Aber, da es klar ist, dass dir nichts geschieht, macht sich auch keiner Gedanken um dich. Alles ist so wie immer. Niemand merkt was, und es geht alles wie gewohnt weiter."

„Wenn die Sache so ist, kann es ja losgehen. Ich bin bereit. Muss ich noch was mitnehmen oder sonst irgendwas machen? Was willst du mir denn zeigen? Ich bin schon so neugierig und gespannt", sagte Johannes.

„Du brauchst nichts. Für alles ist gesorgt. Du musst nur aufmerksam sein und gut aufpassen. Mach nur alles so, wie ich es dir sage. Dann ist alles in bester Ordnung.

Du merkst doch selber, wie trocken und heiß es ist. Und du weißt, dass alles Leben auf der Erde Wasser braucht, um existieren zu können. Wenn es kein Wasser gäbe, müsste alles sterben und wäre tot. Weißt du aber, wo das Wasser herkommt und wie das alles so geht mit dem Regen, den Pflanzen, den Wolken und der Sonne?" sprach der Munk.

Johannes antwortete: „Na ja, mein Onkel hat mir zwar schon vieles erklärt, aber so richtig weiß ich es nicht. Und gesehen habe ich es auch noch nicht. Das wäre schon eine tolle und interessante Sache! Doch wie soll das gehen?"

„Du weißt, ich bin ein Munk", sagte der Munk, „und ich kann dir alles zeigen. Wir machen uns jetzt ganz winzig klein, und dann zeige ich dir, wie das so ist, mit dem Regen und das, was so alles dazugehört. Willst du? Kann es los gehen? Hab keine Angst."

„Na klar. Wenn es so ist, ich bin bereit! Angst habe ich gar keine. Von mir aus kann es losgehen. Ich freue mich schon und bin riesig gespannt. Also dann mal los. Das Abenteuer kann beginnen", sagte Johannes ganz aufgeregt.

Und das Abenteuer begann.

5

Und wie das Abenteuer begann.

Der Munk schaute sich nach allen Seiten um, ob sie auch niemand beobachten würde. Nein, es war keiner zu sehen. Nur die Tiere gingen unbeirrt ihrer Beschäftigung nach und waren von dem ganzen Geschehen ziemlich unbeeindruckt. Sie waren viel zu sehr mit ihren Aufgaben beschäftigt.

Johannes war natürlich sehr aufgeregt und beobachtete sehr genau, was der Munk tat. Dieser Griff in seine Westentasche und holte ein kleines Stäbchen hervor, nicht viel größer, als ein Streichholz.

„Was ist denn das?", fragte Johannes.

„Das ist ein, na sagen wir mal, ein Zauberstäbchen. Das stimmt zwar nicht so ganz, kommt dem aber sehr nahe. Damit kann ich in bestimmten Situationen ganz bestimmte Dinge machen. Doch es ist kein Zauberstab, wie du ihn aus vielen Märchen kennst. Und du merkst ja selber, das hier ist auch kein Märchen", antwortete der Munk und kniff ihm ganz leicht ins Bein.

„He, was soll das denn!", rief Johannes.

„Das ist nur, damit du auch merkst, dass das kein Märchen ist und du nicht träumst", sagte Munk.

„Nun, das habe ich ja nun gemerkt. Und wie geht es nun weiter?", fragte er.

„Das wirst du nun sehen. Pass schön auf und hab keine Angst. Es geht nun los", sprach der Munk.

Er fasste den Jungen bei der Hand und berührte ihn leicht mit dem Stäbchen. Und schon bemerkte Johannes ein angenehmes Prickeln im ganzen Körper und war doch etwas aufgeregt. Aber Angst hatte er keine.

Nun wurde alles um ihn herum groß und immer größer.

„Das kann nur sein, wenn ich kleiner werde", dachte er und wartete ab, wie es weitergehen würde.

Richtig! Er wurde immer kleiner, war jetzt schon so klein wie der Munk, und beide zusammen wurden noch viel, viel kleiner.

Um ihn herum wurde alles riesengroß. Das Dach der Garage und den Wipfel des Baumes konnte er schon nicht mehr sehen. Die Spinne und die Ameisen waren schon so groß wie Dinosaurier.

„Hoffentlich greifen sie uns nicht an", dachte Johannes.

Aber sie beachteten die beiden gar nicht.

Nun waren die Sandkörner, diese sonst so winzig kleinen Dinger schon größer als Felsbrocken. Und das Schrumpfen hatte noch nicht aufgehört. Nun waren sie schon so klein und leicht, dass sie schwebten.

„Jetzt haben wir die Größe erreicht, die wir brauchen, um unser Abenteuer zu bestehen", sprach Munk, „nun suchen wir uns einen kleinen Wassertropfen. In diesen werden wir uns hineinsetzen, und dann werden wir beide erleben, wie es so ist mit dem Wasser, den Wolken und dem Regen."

Johannes freute sich sehr und war so mächtig aufgeregt, dass er nach allen Seiten zappelte.

An einem schattigen Ort, dort wo die Sonne noch nicht jede Feuchtigkeit getrocknet hatte, fanden sie einen kleinen Wassertropfen. Sie schlüpften beide in den Tropfen hinein und Munk sagte: „Nun zapple aber nicht so viel herum. Der Wassertropfen hat an seiner Oberfläche eine kleine Spannung, damit er nicht zerfällt. Wenn du so zappelst, geht sie kaputt und wir kommen nicht vorwärts."

Johannes wurde ganz ruhig, und sie gingen durch die Wand des Tropfens in ihn hinein. Zuerst hatte er Angst, dass er keine Luft bekommen würde. Denn vom Tauchen im See wusste Johannes, dass er unter Wasser nicht atmen kann. Das konnten nur die Fische durch ihre Kiemen, und ein Fisch war er ja schließlich nicht.

Der Munk erklärte ihm, dass im Wasser, wenn es sauber ist, viel Sauerstoff enthalten ist, so dass sie atmen können. Das merkte Johannes nun auch und begann sich schon richtig wohl zu fühlen. Was war das für ein tolles Abenteuer! Wenn nur sein Onkel dabei gewesen wäre. Der hätte vielleicht gestaunt. Aber ausgerechnet heute musste er ja wegfahren. Das hatte er nun davon. Aber er würde ihm alles erzählen. Ob er ihm auch glauben würde? Doch Onkel Horst wusste ja, dass er nicht schwindelte.

Sie waren nun bereit und warteten ab. Plötzlich wurde es sehr hell und sie begannen zu schweben.

„Was ist denn nun los, Munk!", rief Johannes. Und Munk erklärte: „Jetzt hat uns die Sonne erreicht und uns mit ihren Strahlen aufgenommen. Sie hat uns auf ihre Arme genommen und trägt uns hoch in die Luft. Wir sind verdunstet."

„Hallo, wen habe ich denn da mit auf die Reise genommen?", rief die Sonne. Denn sie bemerkte die beiden, obwohl sie so klein waren, und sie kannte den Munk schon lange.

„Das ist Johannes. Ich will ihm zeigen, wie das so geht mit dem Wasserkreislauf auf der Erde. Er ist übrigens ein feiner Junge", sagte Munk.

„Na dann gute Reise", rief die Sonne. Und weiter ging es. Immer höher und höher. Und da begegneten sie auch schon anderen Wassertropfen. Erst wenigen, dann immer mehr und mehr. So vielen, dass Johannes sie gar nicht mehr zählen konnte. Es waren Millionen, ja Milliarden Tröpfchen. Und alle schwebte sie auf den Sonnenstrahlen nach oben.

Johannes schaute nach unten. Ihm wurde fast ein wenig schwindelig. Er sah die Erde. Alles war so unendlich und winzig klein. Das Haus seines Onkels konnte er kaum noch erkennen. Die Bäume erschienen nicht größer als kleine Grashalme und Tiere konnte er überhaupt nicht mehr sehen.

„Wir sind schon über tausend Meter hoch. Sieh nur mal nach unten", sagte Munk.

„So hoch schon?", dachte Johannes.

Ihm fielen plötzlich die Geschichten ein, die ihm sein Onkel früher oft, besonders um die Weihnachtszeit herum, erzählt hatte. Abends, wenn der Himmel blutrot war, sagte er immer: „Sieh nur, die Engel backen schon Honigkuchen. Von der Glut des Backofens ist der Himmel ganz rot."

Als er noch ganz klein war, glaubte er daran. Später nicht mehr so richtig. Aber, man konnte ja nie wissen. Jetzt sah er sich unwillkürlich um und schaute, ob er vielleicht doch etwas entdecken würde.

Die Erde unter ihm war so wunderschön, dass er gar keine Zeit hatte, weiter über die Engel nachzudenken. So hatte der Junge die Erde noch nie gesehen. So wunderbar grün mit den bunten Tupfen der Dörfer und Städte. Die Flüsse schlängelten sich durch die Landschaft, und alles war wunderschön, friedlich und still. Kaum zu glauben, dass es dort unten auch Menschen gab, die durch Krieg und schlimmen Umgang mit der Natur diese wunderbare Welt zerstörten.

„Wenn sie es nur mal so sehen könnten", dachte Johannes, „sie würden sich bestimmt ändern und nichts mehr kaputtmachen wollen. Wie schön ist unsere Erde!"

Munk beobachtete den Jungen und freute sich über die Gedanken des Kindes. Er wusste nämlich, was Johannes dachte, und er wusste auch, dass er nun, da der Junge sich alles angesehen und darüber Gedanken gemacht hatte, wieder erklären konnte: „Unsere Erdoberfläche besteht zu zwei Dritteln aus Wasser. Täglich, ja in jeder Minute verdunstet Wasser aus den Ozeanen, Seen und Flüssen. Selbst aus allen Menschen, wenn sie schwitzen. Die Sonne erwärmt die Luft, in der Luft verdunstet das Wasser, steigt nach oben und nimmt unsichtbare, winzig kleine Wasserteilchen mit nach oben. Dort sind sie Wasserdampf. Nun passe gut auf, wie es weitergeht."

Und so zogen sie weiter. Immer weiter und weiter.

Wie hoch sie nun schon waren! Johannes konnte sich gar nicht satt sehen und kam aus dem Staunen nicht heraus. Zum Fragen blieb ihm gar keine Zeit. Das brauchte er auch nicht. Denn er sah ja alles selber und Munk erklärte immer alles. Nun wurde es aber auf einmal kalt.

„Ich hätte mir doch eine Jacke mitnehmen sollen. Aber wer kann schon wissen, dass so etwas geschieht und dass es mitten im Sommer plötzlich so kalt wird. Hoffentlich werde ich mich nicht erkälten. Es sind schließlich Ferien, und in den Ferien möchte ich nicht mit einer Erkältung im Bett liegen", dachte Johannes. Es wurde tatsächlich immer kälter.

Und aus dem Wasserdampf wurden durch die Kälte wieder kleine Wassertropfen. Es waren so unüberschaubar viele Tropfen zusammengekommen. Und allen musste es auch kalt sein. Sie kuschelten sich ordentlich eng aneinander.

Als Johannes richtig hinschaute, sah er, dass sie alle zusammen zu einer Wolke geworden waren. Sie waren eine richtige Wolke geworden. Zwar erst klein noch, aber es kamen mehr und mehr Tropfen zusammen.

Munk erklärte wieder: „Siehst du, mein Junge, nun ist das verdunstete Wasser wieder zusammengekommen und bildet Wolken. Natürlich gibt es viele verschiedene Arten von Wolken." „Ja", rief Johannes dazwischen, „einige kenne ich schon. Schäfchenwolken und Gewitterwolken und Regenwolken."

„Jawohl", sagte Munk, „und wir sind jetzt zu Haufenwolken geworden. Aber passe auf, es geht schon weiter."

„Da sind ja eine ganze Menge Wolken zusammengekommen. Da wollen wir uns mal an die Arbeit machen und sie dorthin schicken, wo sie gebraucht werden", sagte plötzlich eine Stimme. Johannes schaute sich um, sah aber niemanden. „Und so ein paar Winzlinge sind ja heute auch dabei", rief die Stimme weiter.

Es war der Wind, der da gesprochen hatte. Er holte tief Luft und blies kräftig aus seinem Mund.

Mit dem Munk zusammen in einem Wassertropfen lernt Johannes den Wasserkreislauf kennen.

„Halt dich schön fest!", konnte Munk gerade noch rechtzeitig rufen.

Und dann ging die Reise auch schon los. Der Wind trieb die Wolken immer vor sich her. Johannes schaute nach unten und sah die ganze Welt vorüberziehen. Felder, Wiesen und Wälder. Städte und Dörfer. Sie flogen über Seen und Ozeane. Er sah die großen Schiffe. Es war wunderbar. Vor Aufregung hatte er ganz heiße Ohren.

Johannes sah viel Schönes auf der Erde, aber auch viel Böses. Er nahm sich vor, immer lieb und nie Schuld am Leid eines Menschen oder der Natur zu sein.

So segelten sie wie ein großes Schiff dahin. Immer mehr Wassertropfen kamen dazu und die Wolke war schon sehr groß und schwer. Der Wind musste nun schon ganz gehörig blasen, um die Wolke vorwärts zu treiben. Und es kamen immer mehr Tropfen dazu.

Die Wolke war jetzt groß, schwer und ganz schwarz. Es ging auch nicht mehr so richtig vorwärts. Nur noch ganz langsam. Nach einer Weile standen sie ganz still.

Johannes schaute nach unten und traute seinen Augen kaum. Sie schwebten direkt über dem Garten von seinem Onkel.

Ja, war denn so was möglich. Das war ein Ding. Er konnte alles genau erkennen. Das Haus und den großen Nussbaum. Die Garage und die Gemüsebeete. Und die vielen schönen Blumen.

Nur, wie sah das alles aus? Obwohl er heute schon gegossen hatte, ließen die Blumen ihre Köpfe hängen, und das Gemüse lag schon wieder ziemlich vertrocknet am Boden. Auch der Spinat, den er besonders gerne aß. Die Blätter an den Bäumen waren ganz zusammengerollt und welk. Es wurde wirklich höchste Zeit, dass es mal regnete. Die Pflanzen taten ihm leid. Und wie mussten auch die Tiere leiden?

Der Munk sah das traurige Gesicht des Jungen und sagte: „Sei nicht traurig. Gleich wirst du sehen, wie es weitergeht. Es wird alles gut werden."

Die Wolke hatte sich genau vor die Sonne geschoben und war nun so groß und schwer, dass sie die vielen Wassertropfen nicht mehr festhalten konnte. Sie begann sich aufzulösen, und es fing an zu regnen. Erst fielen einige Tropfen zur Erde. Es wurden aber immer mehr, und es ging immer schneller.

Endlich war auch der Tropfen dran, in dem Johannes und Munk saßen. Sie sausten, immer schneller und schneller werdend, zur Erde.

„Wenn es jetzt Winter wäre, würde es schneien, und wir würden als Schneeflocke zur Erde segeln", sagte Munk.

„Nein, lass mal. So ist es schon besser. Aber wie geht es weiter?", fragte Johannes.

„Pass nur auf", antwortete Munk.

Nach dem sie also nun immer tiefer und tiefer gefallen waren, schlugen sie auf der Erde auf. Mitten in den Blumengarten seines Onkels. Da sie aber in dem Wassertropfen waren, tat es gar nicht weh.

Einen kurzen Moment lagen sie auf der Gartenerde. Aber es dauerte nicht lange und es wurde dunkel. Sie versickerten in der Erde.

„Hallo, Munk", rief Johannes, „bist du noch da? Ich kann gar nichts mehr sehen. Was geschieht denn nun?"

„Mach dir keine Sorgen. Nach ein paar Sekunden haben sich deine Augen an die Dunkelheit gewöhnt, und du kannst wieder sehen. Wir sind jetzt in der Erde, wo das Wasser für die Pflanzen nützlich wird. Pass nur weiter schön auf und hab keine Angst", antwortete Munk.

„Was Munk nur immer mit seiner Angst hat", dachte Johannes.

Und besonders, nun da er tatsächlich wieder sehen konnte, hatte er überhaupt keine Angst.

Seine Aufmerksamkeit war auch schon wieder so auf die Dinge, die nun geschahen, gerichtet, dass für andere Gedanken keine Zeit blieb.

Aus der Erde bewegten sich nämlich unbeschreiblich kleine Dinge auf den Wassertropfen zu. Damit aber noch nicht genug.

Sie drängelten sich auch noch alle in den Tropfen hinein. Es wurde richtig eng und Johannes hatte schon Sorge, dass er aussteigen müsste. Und wie sollte es dann weitergehen?

Aber Munk, der ja seine Gedanken kannte, beruhigte ihn und sagte: „Das sind alles Mineralien, Salze und Nährstoffe, ohne die kein Lebewesen, also auch keine Pflanze, leben kann. Du, mein Junge, kannst essen und trinken. Die schönsten Sachen, die du bekommen kannst. Damit nimmst du die notwendigen Dinge in dir auf. Eine Pflanze kann das nicht. Sie kann nur über das Wasser all diese wichtigen Dinge zu sich nehmen. Und da sie im Erdboden gelöst sind, gehen sie jetzt über das Wasser in die Pflanze und ernähren sie dadurch."

Inzwischen war der Wassertropfen aber wirklich schon randvoll mit Mineralien, Salzen und all dem Zeug, von dem Munk geredet hatte.

„Schluss jetzt", rief Johannes, „jetzt kommt mir hier nichts mehr rein. Die Stube ist voll."

Da sah er plötzlich vor sich einen dünnen Faden, der sich auch noch bewegte.

"Was soll das nun wieder? Ist das eine Schlange oder ein Wurm oder was sonst?", dachte er.

Bald erkannte er, dass es eine kleine Wurzel war. Sie gehörte zu einer schönen Rose aus dem Garten von Onkel Horst. Die Wurzel schlängelte sich durch die Erde, und es sah aus, als wenn sie etwas suchen würde. Richtig, so war es auch. Sie suchte nämlich nach Wasser. Ihre Pflanze, die Rose, sah nach der langen Trockenheit schon recht welk aus: die schönen Blüten hingen schlaff herunter, und die Blätter waren schon ganz braun und trocken. Es wurde wirklich allerhöchste Zeit, dass es regnete.

Endlich hatte sie das Wasser gefunden und sog es begierig auf. Es dauerte nicht lange und da war auch der Tropfen dran, in dem Johannes und der Munk saßen.

Wie in einem Fahrstuhl sausten die beiden in ihrem Wassertropfen nach oben. Erst durch die Wurzel und dann durch den Stiel der Rose. Nun wurde es auch wieder richtig hell. Johannes war geblendet von der Helligkeit, die plötzlich eintrat.

Inzwischen ging die Fahrt aber langsamer. Als wenn der Fahrstuhl vor der nächsten Etage abgebremst hätte. Und allmählich war es auch nicht mehr so eng in dem Tropfen. Die Rose holte sich nämlich all die in dem Wassertropfen gelösten Stoffe heraus und ernährte sich davon. Man konnte richtig spüren, wie sie sich aufrichtete, groß, stark und wieder wunderschön wurde.

Sie entfaltete ihre wunderbaren Blütenblätter zu voller Pracht, und die Bienen konnten wieder fleißig Honig aus den Blüten sammeln.

Johannes schaute und staunte mächtig. Er konnte sich nicht genug sattsehen, an all den wunderbaren Dingen. Nie hätte er geglaubt, dass alles so wunderbar einfach und dabei doch so unendlich kompliziert sein würde. Wieviele Dinge und Vorgänge waren nötig, wieviel Fleiß der Natur vonnöten, um die Wunder der Natur wirksam werden lassen zu können. Und wie oft war der Mensch leichtfertig und unterbrach oder zerstörte gar den Kreislauf und das Leben der Natur. Da floss einfach Öl ins Wasser oder Gift oder sonstiger Abfall. Gedankenlos und sehr oberflächlich und leichtsinnig handelten die Menschen!

Er war überwältigt von all den Sachen und ganz still. Er schaute, staunte und bewunderte das Naturleben.

Der Junge beschloss, sich alles ganz genau zu merken und nie mehr der Natur ein Leid anzutun. Er hatte es zwar sonst auch immer vermieden, aber manchmal war es, wenn auch unbedacht, eben doch vorgekommen. Nun wollte er unbedingt noch viel mehr darauf achten, dass die Natur ohne Störungen ihre Wunder vollbringen konnte.

Inzwischen waren sie bis in die Blätter der Rose gelangt. Der Wassertropfen war so gut wie leer, und die Rose sah wieder schön und gesund aus. Der Regen hatte ihr, wie auch all den anderen Pflanzen, sehr gut getan. Er kam buchstäblich im letzten Augenblick, sonst hätte die Rose verdursten müssen.

Die Sonne schien auch schon wieder warm vom Himmel herab und es sah alles wunderbar frisch aus.

Auch der Wassertropfen, der nun gänzlich aufgebraucht war, wurde immer kleiner und machte sich schon wieder, von der Rose abgegeben und von der Sonne aufgesaugt, auf seinen ewigen Kreislaufweg nach oben.

„Wir müssen uns beeilen und aussteigen", sagte Munk, „unsere Reise ist nun zu Ende, und wenn wir nicht aufpassen, sausen wir ewig hoch und runter."

Johannes hätte noch lange so reisen können. Es war alles so interessant und aufregend gewesen. Und dabei so unendlich schön. Aber er sah ein, dass er nun auch mal wieder zurück musste. Johannes war, da er nun daran dachte, inzwischen auch hungrig und durstig geworden. Er machte sich auch Gedanken, ob sein Onkel schon wieder zurück wäre und ihn vermissen würde. Doch da fiel ihm ein, was Munk gesagt hatte, und die Sorge war er los. Hunger und Durst hatte er aber doch noch.

Jetzt gab es einen kleinen Ruck, und sie standen wieder mit ihren Beinen auf festem Erdboden.

In seinem Körper kribbelte und prickelte es angenehm, und er spürte, dass er wieder groß wurde.

Es dauerte auch nicht lange, und er hatte seine ursprüngliche Gestalt zurück. Genau wie Munk.

„Munk, das war herrlich und ich werde...", fing Johannes gleich zu reden an. Aber Munk unterbrach ihn: „Du brauchst nichts zu sagen, mein Junge. Ich kenne dich und konnte deine Gedanken auf unserer Reise lesen. Ich weiß Bescheid und bin sicher, dass ich den richtigen Menschen getroffen habe. Du bist ein großartiger Junge. Ich werde dich ganz sicher nicht vergessen. Und ich weiß, dass auch du mich nicht vergessen wirst. Vielleicht sehen wir uns irgendwann mal wieder. Ich bin immer hier. Bewahre du dir nur deinen Glauben an all die schönen Dinge im Leben. Dann wird dich das Glück nicht verlassen. Sei ehrlich und aufrichtig, fleißig und strebsam. So wirst du all die Dinge erreichen, die du dir vorgenommen hast. Denk an mich und unsere Reise, glaube an dich und bleib dir treu. Alles wird dir so gelingen.

Ich gehe nun in meine Welt zurück und werde wieder da sein, wenn du es willst. Also, mach es gut, mein Junge und bleib so, wie du bist."

„Munk, Munk, warte noch! Ich habe dir noch so viel zu sagen, und ich habe mich noch gar nicht bedankt!", rief Johannes. Aber der Munk wurde schon klein und immer kleiner und war plötzlich nicht mehr zu sehen. Es raschelte und wisperte nur noch ein bisschen, und dann war es ganz still.

Johannes schaute sich um und bemerkte, dass sich eigentlich nichts verändert hatte. Nur sah alles nach dem Regen frisch und lebendig aus. Es schien so, als habe die Zeit stillgestanden.

War das alles ein Traum, oder war es Wirklichkeit? Johannes wusste nicht recht, was er glauben sollte. War er auf seinem Hauklotz eingeschlafen und hatte geträumt?

Da bemerkte er, dass er in seiner Hand ein winziges Hölzchen hielt. Das war doch der Stab von Munk! Und da wusste der Junge auch, dass er nicht geträumt hatte und alles Wirklichkeit war.

Das Hölzchen hatte ihm Munk heimlich als Andenken an ihn und ihre gemeinsame Reise geschenkt. Natürlich war es jetzt wirkungslos. Das war aber für Johannes unwichtig. Er hatte ein wirkliches Andenken an Munk. Nur das zählte!

Obwohl er hungrig und durstig war, setzte er sich erst auf seinen Hauklotz und dachte noch einmal über alles nach. Was er sich auf der Reise vorgenommen hatte, wollte er auch wirklich tun. Und die Ratschläge von Munk wollte er auch beherzigen. Das stand felsenfest. Und ansonsten würde man sehen müssen. Es war auf jeden Fall eine wunderbare und tolle Reise gewesen.

Plötzlich hörte er Stimmen. Sein Onkel und seine Tante waren zurückgekommen.

„Johannes, wo bist du? Wir sind wieder da! Wo steckst du denn nur? Komm rein, es gibt Mittagessen. Wir haben was Tolles mitgebracht", rief sein Onkel.

Da merkte der Junge, dass sein Wegsein wirklich nicht bemerkt worden war. Es war alles in bester Ordnung. Er stand auf, schüttelte sich ordentlich, reckte sich nach allen Seiten und ging nach vorne.

Er hatte nun aber wirklich großen Durst und Appetit auf ein kräftiges Mittagessen.

6

In der Küche roch es wunderbar. Tante Eva hatte wieder genau das gekocht, was er am liebsten aß. Davon gab es zwar eine ganze Menge (Johannes war nicht so mäkelig), aber heute das fast Allerbeste: Spaghetti mit Tomatensoße. Vorher eine Suppe und danach Vanillepudding. Dazu Cola. Oh wie das duftete. Johannes lief das Wasser im Mund zusammen.

Er wusch sich schnell die Hände, setzte sich an den Tisch und los ging es.

„Schaffst du es noch ‚Guten Appetit' zu sagen?" fragte sein Onkel.

„Gntamnd apnhelgt", nuschelte Johannes und haute kräftig rein.

„Der Junge scheint am Verhungern zu sein", lachte sein Onkel und ließ es sich auch schmecken.

Endlich waren sie alle satt. Johannes half beim Abräumen und dann ging er mit seinem Onkel nach draußen.

Johannes hatte ganz rote Ohren und sein Onkel merkte, dass etwas geschehen sein musste.

„Nun, Johannes, was ist los? Was hast du so die ganze Zeit gemacht. War es nicht langweilig? Oder hast du gar was angestellt?", fragte Onkel Horst.

Johannes war ganz still und schaute nur in die abgelegene Ecke des Gartens und zeigte sein Hölzchen.

Da wusste sein Onkel auf einmal sofort Bescheid. Irgendwie hatte Munk es auch so eingerichtet, dass er wusste, was Johannes erlebt hatte.

Er erzählte ihm also von sich und dem Munk: „Ja, mein Junge, auch ich habe früher, vor vielen, vielen fahren den Munk gesehen. Aber ich hatte nie den Mut, ihn genau kennenzulernen. Na ja, und wie das oft so ist im Leben: irgendwas kommt immer dazwischen, und dann ist es für viele Dinge manchmal zu spät. Aber nicht immer. Beherzige all das, was dir der Munk gesagt hat, und behalte alles, was heute geschehen ist, in guter Erinnerung. Es ist ein Geschenk, welches du erst später einmal richtig verstehen wirst.

Das alles soll aber unser Geheimnis bleiben, und wir sprechen vorläufig mit niemand darüber. Einverstanden?"

Johannes war richtig froh, dass alles so gut abgelaufen war, und sein Onkel auch ohne viele Erklärungen alles verstanden hatte. Sie waren eben doch beide die besten Freunde. Und daran sollte sich auch nichts ändern.

Johannes strahlte über das ganze Gesicht und fiel seinem Onkel um den Hals.

„Du bist mein bester Freund und der beste Onkel auf der ganzen Welt", sagte er leise und gab ihm einen Kuss.

Onkel Horst drückte ihn an sich, und beide waren von Herzen froh und glücklich.

Dann drehten sie sich um, sahen in die Gartenecke und riefen: „Vielen Dank, lieber Munk. Es war ganz toll."

Leise und fast unmerklich raschelte es in der Ecke. Da wussten sie, dass der Munk sie verstanden hatte.

Sie schlenderten noch eine Weile durch den Garten und freuten sich, dass nach dem Regen alles so schön frisch und grün aussah und die Blumen ihre schönsten Blüten zeigten.

Da es aber so langsam Abend wurde, gingen sie ins Haus. Hier halfen sie Tante Eva noch ein bisschen bei der Hausarbeit.

„Ihr seht ja beide so glücklich aus und strahlt so spitzbübisch. Ihr habt bestimmt wieder einen Unfug ausgeheckt", sagte sie.

Die beiden sahen sich nur an und lachten.

„Geheimnis!", riefen sie.

„Aber es ist kein Geheimnis, dass nun fast Schlafenszeit ist. Also ab ins Bad und dann in die Betten", antwortete Tante Eva.

Und so ging ein erlebnisreicher, glücklicher und aufregender Tag zu Ende.

7

Die Tage vergingen, und die Ferienzeit bei Onkel Horst war schon fast vorbei. Die Ferien dauerten zwar noch ein paar Tage, aber es mussten ja auch Vorbereitungen für die Schule getroffen werden. Johannes freute sich schon auf die Schule und die neue Klasse. Es gab noch so viel zu lernen, und er wollte so viel wissen.

Die Zeit bei seinem Onkel war aufregend und sehr erlebnisreich gewesen.

Vor allem hatten sie sich alle, so wie früher, sehr gut verstanden. Daran hatte sich nichts geändert. Und das war das Wichtigste.

Natürlich hatten sie auch so manches neue Abenteuer erlebt. Johannes hatte Mühe, sich alles zu merken. Seine Eltern würden staunen. Und bestimmt waren sie auch ein bisschen neidisch. Er würde ihnen alles erzählen. Bis auf eines natürlich: seinem großen Geheimnis mit Munk. Davon wussten nur er und sein Onkel. Und das sollte auch so bleiben.

Heute war nun also der letzte Tag bei seinem Onkel. Den wollten sie mal so richtig faul und in Ruhe genießen. Aber meistens kommt es ja anders, als man denkt. Sie lagen also beide im Garten auf dem Rasen und ließen sich von der Sonne braun brennen. Sie lagen nur so da und taten eigentlich gar nichts. Faul blinzelte mal der eine, dann wieder der andere zur Seite und schaute nach, ob wohl schon einer eingeschlafen wäre. Aber das war nicht der Fall. Sie dachten noch einmal an die vergangenen Tage und sonst an überhaupt nichts. Sie waren nur faul. Das war so schön!

Da kam Tante Eva in den Garten und brachte für jeden eine Eistüte. Da waren sie natürlich gleich hellwach und gar nicht mehr faul. Sie schleckten am Eis und freuten sich. Das war eine prima Idee von Tante Eva gewesen.

Bald hatten sie es aufgeschleckt und legten sich wieder ins Gras. Plötzlich schnüffelte Johannes in die Luft.

„Onkel Horst, riechst du das auch? Es riecht auf einmal so brenzlig. Was mag das wohl sein?" fragte er.

„Ich rieche es jetzt auch. Wollen mal sehen, woher es kommt", antwortete sein Onkel.

Sie schauten sich im Garten um. Zuerst sahen sie nichts. Aber als sie in die uns schon bekannte abgelegene Ecke des Gartens sahen, bemerkten sie eine Rauchwolke und im selben Moment züngelten auch schon Flammen empor.

„Es brennt", riefen beide wie aus einem Mund und sprangen schnell auf.

„Der Munk, der Munk!", schrie Johannes ganz aufgeregt.

Sie rannten zum Gartenschlauch. Natürlich lag er am anderen Ende des Gartens. Wie das in solchen Fällen immer ist! Also schnell dort hin und ihn holen. Das dauerte nur wenige Sekunden.

Onkel Horst schloss ihn blitzschnell an den Wasserhahn an und Johannes holte die Spritzdüse.

„Wasser marsch", schrie Johannes, und beide hielten mit vereinten Kräften den Wasserstrahl in die Flammen. Zum Glück waren sie noch nicht zu groß, und es lagen auch keine besonders gefährlichen und brennbaren Dinge in der Nähe, so dass sie das Feuer schnell gelöscht hatten.

War dem Munk etwas zugestoßen? Sie schauten nach und suchten in allen Ecken. Nichts bewegte sich. Johannes fing schon beinahe an zu weinen, da raschelte es, und ein kleiner Zettel lag vor ihren Füßen.

„Vielen Dank. Alles klar", stand darauf. Und nun wussten sie, dass dem Munk nichts geschehen war und waren sehr glücklich.

Aber wie konnte es nur zu diesem Feuer kommen? Was war geschehen?

Irgendwie, keiner wusste genau wieso, lag dort unbemerkt eine Glasscherbe. Durch die Sonnenstrahlen, die durch das Glas fielen, wirkte sie wie ein Brennglas, und das wenige trockene Laub begann zu brennen. Wie leicht hätte größerer Schaden entstehen können. Aber durch die Aufmerksamkeit und das schnelle und umsichtige Handeln der beiden konnte größerer Schaden zum Glück vermieden werden.

Darüber waren beide sehr froh.

Da kam auch schon Tante Eva angelaufen. Zuerst war sie sehr erschrocken. Aber als sie sah, dass nichts geschehen war, mussten sie doch herzhaft lachen.

Johannes und Onkel Horst wunderten sich natürlich, warum Tante Eva so lachte.

Da holte sie einen Spiegel und ließ beide hineinsehen. Nun mussten sie auch lachen, denn ihre Gesichter waren ganz schwarz von Ruß und Staub. Und durch den Schweiß verschmiert, sahen sie wie Schornsteinfeger aus.

Da es sehr warm war, nahm Tante Eva gleich den Gartenschlauch und spritze die beiden ab. Das war ein Gekreische und Gehopse.

Dann sahen sie sich nur einen kurzen Moment an und nahmen Tante Eva den Schlauch weg. Sie ahnte, was nun

*Schnell wurde der Brand gelöscht,
und alles nahm ein gutes Ende.*

kommen würde und wollte wegrennen. Das gelang ihr aber nicht, und schon war auch sie patschnass.

Sie lachten und lachten und waren ganz außer Atem.

Nun mussten sie sich erst mal ins Gras legen.

So war es also nichts mit dem letzten faulen Tag geworden.

Aber das machte nichts. Sie waren froh, dass kein großer Schaden entstanden und auch dem Munk nichts geschehen war. Natürlich waren sie auch stolz, das Feuer ganz alleine und so schnell gelöscht zu haben.

Und zur Belohnung brachte Tante Eva den beiden gleich noch eine große Eistüte.

„Esst aber langsam und verderbt euch nicht den Magen", sagte sie.

Die beiden ließen es sich schmecken.

Da klappte die Gartentür und Sven kam zurück. Das gab ein großes Hallo und Erzählen. Alle riefen durcheinander, und er konnte gar nichts richtig verstehen. Aber endlich legte sich die Aufregung, und es wurde der Reihe nach berichtet.

„Na, da habt ihr ja allerhand erlebt, und es war bestimmt nicht langweilig. Schade, dass ich so wenig Zeit hatte, aber ich habe leider keine Ferien. Aber wir hatten ja doch noch eine Menge Spaß miteinander", sagte Sven.

Dann bemerkte er die Eiswaffeln bei den beiden und wollte natürlich auch gleich eine haben. Zum Glück hatte Tante Eva noch eine, und so leckten sie alle drei gemütlich und genüsslich ihr Eis auf. Das war nun aber wirklich das letzte Abenteuer gewesen.

Am Abendbrottisch sprachen die vier noch mal über die letzte Zeit.

Allen hatte es sehr gut gefallen, und sie hatten viel Spaß und Freude miteinander. Sie alle würden diese Ferien nicht so schnell vergessen.

Abends im Bett konnte Johannes lange nicht einschlafen. Wann würde er wohl wiederkommen können? Sein Onkel hatte gesagt: „Du kannst jederzeit herkommen. Wir sind immer für dich da."

Aber er hatte ja auch eine Menge zu tun. Schule, Hobbys, Sport und so. Und mit seinen Eltern unternahm er ja auch sehr viel.

„Ach", dachte er, „es wird schon bald mal wieder klappen."

Und mit einem zufriedenen Lächeln schlief Johannes endlich ein.

Nun war der letzte Morgen bei Onkel und Tante angebrochen, strahlend und schön wie fast jeder Tag. Die Vögel zwitscherten, und es war wunderschön.

Johannes war auch nicht ein bisschen traurig, dass es nun wieder nach Hause ging (höchstens nur ein ganz kleines bisschen), denn er wusste, er konnte sicher bald wiederkommen. Darauf freute er sich schon.

Aber auch auf seine Eltern und sein Zimmer, die Schule und seine Freunde freute er sich sehr. Denen würde er eine Menge zu erzählen haben.

Die Taschen waren schon gepackt, und der Frühstückstisch war besonders schön gedeckt. Johannes hatte einen gesunden Morgenappetit. Er langte kräftig zu.

Als er gerade fertig und so richtig schön satt war, hielt ein Auto vor der Tür, und Mama und Papa stiegen aus.

Das gab natürlich ein großes Hallo, und Johannes fiel den beiden um den Hals. Er wusste gar nicht, wen er zuerst drücken sollte. Er freute sich sehr, die beiden wiederzusehen.

Er erzählte auch gleich drauf los. Es sprudelte nur so aus ihm heraus, und Mama und Papa verstanden zuerst kein Wort.

„Erzähl uns alles in Ruhe zu Hause. Da ist Zeit genug", sagten sie.

Nach einer Tasse Kaffee wurde es nun wirklich Zeit zum Aufbruch. Sie verabschiedeten sich ganz herzlich voneinander und stiegen ins Auto. Papa startete den Motor, und dann fuhren sie los.

Johannes blickte lange nach hinten durchs Fenster und winkte und winkte. Nach einer Kurve waren Onkel Horst, Tante Eva und Sven nicht mehr zu sehen.

Er setzte sich bequem hin und war kein bisschen traurig.

Johannes wusste: diesmal würde es nicht so lange dauern, und er würde bald wiederkommen können.

Und darauf freute er sich schon jetzt!

Die Zeitreise

1

Und richtig. Diesmal hatte es wirklich nicht so lange gedauert. Das war vielleicht eine Überraschung, als der Papa Johannes erzählte, er könne wieder zu Onkel Horst. Aber damit noch nicht genug. Er durfte sogar mit seinem Onkel, Tante Eva und seinem Cousin Sven für ein paar Tage in den Urlaub fahren. Wohin es gehen würde, hatte ihm sein Papa freilich noch nicht verraten.

Er bettelte so lange, bis er Onkel Horst anrufen durfte. Er war so aufgeregt, dass er sich nicht mal meldete, als sein Onkel den Hörer abnahm. Er sprudelte gleich mit seinen Fragen los:

„Onkel Horst, weißt Du schon, ich darf mit euch in den Urlaub fahren. Was brauche ich denn alles? Wo geht es eigentlich hin? War ich schon mal dort? Was werden wir dort alles unternehmen? Wie lange bleiben wir denn dort?"

Sein Onkel kam gar nicht zu Worte. Er lachte nur einfach los. Da war Johannes ganz verblüfft.

„Onkel Horst, warum lachst du denn so?", fragte er.

„Junge, du lässt mich ja gar nicht zu Worte kommen. Nun mal eins nach dem anderen", antwortete sein Onkel.

„Natürlich weiß ich, dass du mit uns mitkommen darfst. Und wir freuen wir uns alle ganz doll darüber. Wie ich hören kann, freust du dich auch. Du brauchst nichts Besonderes mitzunehmen. Es ist ja nur eine Woche, und es ist Sommer. Nimm nur deine Sachen mit, die du zum Anziehen brauchst. Soviel ich weiß, warst du noch nicht dort. Wir wollen nämlich mit dir nach Trier fahren. Du weißt: das ist die älteste Stadt in Deutschland, und da gibt es eine ganze Menge zu entdecken. Dort waren schon die Kelten und die alten Römer. Außerdem liegt Trier an der Mosel, und es ist dort wunderschön. Also, freue dich drauf. Dein Papa wird dich übermorgen zu uns bringen, und dann geht es los. Sei bis dahin nicht so zappelig und schön lieb. Also dann bis übermorgen. Tschüss, mein Junge."

Johannes wollte noch so einiges fragen, aber sein Onkel hatte den Hörer schon aufgelegt. Das war ja ein tolles Ding. Er würde in die älteste Stadt Deutschlands fahren. Da war von seinen Freunden bestimmt noch keiner gewesen. Vielleicht gab es da noch alte Schwerter zu finden oder Münzen. Aber ganz bestimmt gab es viel zu sehen.

Donnerwetter. Da fiel ihm ja ein, dass Sven, sein Cousin, Geschichte studierte. Und der kam auch mit. Sven wusste ganz sicher viele Dinge über die alten Römer und die, wie hießen die gleich noch mal? Ja richtig, die Kelten. Hatte er ein Glück. Sven würde mitkommen und ihm alles erklären. Das machte er immer so, wenn Johannes mal was nicht wusste. Sven konnte ganz prima alles erklären.

Wo lag denn nun eigentlich Trier genau? Und was gab es da alles zu sehen?

„Johannes, es ist schon spät. Du musst ins Bett. Morgen müssen wir deinen Koffer packen, und du willst doch noch bestimmt deinen Freunden tschüss sagen. Also ab ins Bad und dann wird geschlafen", rief seine Mama aus der Küche.

Auf dem Weg ins Bad kam er an dem großen Bücherschrank vorbei. Da hatte er auch schon den großen Atlas entdeckt. Und gleich daneben stand ein Buch. Johannes blieb wie angewurzelt stehen. "Trier – die älteste Stadt Deutschlands" stand darauf. Diese beiden Bücher musste er unbedingt noch lesen.

„Papa", rief er, „kannst du mir bitte die beiden Bücher leihen? Ich muss doch unbedingt wissen, wo ich hinfahre und was es da so alles gibt."

„Geh erst mal ins Bad", antwortete sein Papa, „ich lege sie dir raus. Aber sei vorsichtig damit."

„Na klar. Ich passe auf und bin vorsichtig", rief Johannes zurück. Er fand Bücher toll, und Papa sollte nun aber mal so langsam wissen, dass er sie sorgfältig behandelte. Als kleiner Junge hatte er schon mal ein Buch zerrissen. Aber so was kommt bei kleinen Jungen ja öfter vor. Nun war er aber schon groß. Wann, würde sein Papa das endlich mal merken.

Dann rannte er ins Bad. Heute ging das Waschen und Zähneputzen besonders schnell. Es dauerte gar nicht lange und er war fertig.

Als er wieder ins Zimmer kam, saß sein Papa vor dem Fernseher. „Da liegen die Bücher", sagte er.

„Danke schön. Und ich bin auch bestimmt ganz vorsichtig. Gute Nacht Mama und Papa", antwortete Johannes.

Seine Mama kam noch in sein Zimmer und gab ihm einen Kuss. Das machte sie immer so. Johannes fand, er war zwar schon ein bisschen zu groß dafür, er war immerhin schon bald elf Jahre, aber es war doch schön. Er wusste: Mama und Papa hatten ihn lieb.

Die Mama schaltete das Licht aus, und Johannes wartete noch einen kleinen Moment. Dann machte er seine kleine

Lampe an und nahm sich die beiden Bücher vor. Er musste es unbedingt heute noch alles wissen. Morgen war sicher keine Zeit mehr dafür. Und er wollte auf gar keinen Fall unvorbereitet losfahren.

Also zuerst den Atlas. So ein großes und dickes Ding. Wo war nur Deutschland? Aha, hier ist die Seite. Auf den nächsten Seiten waren Ausschnitte von Deutschland vergrößert. Genau, hier war er richtig. Trier, wo lag es nur. Ja, da war es. Dicht bei Luxemburg und nicht weit von Frankreich. Direkt an der Mosel. Das war ein Nebenfluss des Rheins. Das wusste Johannes schon aus der Schule. Na, mal weiter sehen. Da gab es noch zwei Gebirge ganz in der Nähe. Auf der einen Seite die Eifel, auf der anderen Seite den Hunsrück. Das waren Teile des Rheinischen Schiefergebirges. Und da wurde viel Wein angebaut. Auch das wusste Johannes schon aus der Schule. Er war richtig stolz auf sich. So, nun wusste er schon mal, wo genau er hinfahren würde.

Er legte den Atlas zur Seite und nahm sich das Buch über Trier.

Aufgepasst! Mama ging gerade an seinem Zimmer vorbei. Johannes machte schnell das Licht aus und war mucksmäuschenstill.

Da schaute sie auch schon zur Tür hinein. Johannes kniff die Augen ganz fest zu und tat so, als ob er fest schlafen würde. Mama schloss die Tür wieder. Er wusste genau, dass er zur Schlafenszeit nicht mehr lesen durfte. Und sonst tat er es auch nicht. Lieber ging er früher ins Bett, um noch zu lesen. Heute aber war es etwas anderes. Gewissermaßen besondere Umstände.

Abends im Bett las Johannes alles über die alten Römer und die Stadt Trier.

Er schaltete also sein Licht wieder an und nahm sich das Buch vor.

Was da so alles drin stand. Das würde er wohl heute doch nicht mehr schaffen. Aber mal durchblättern, dafür reichte die Zeit noch. Er schlug das Buch auf. Richtig, da stand ja schon was von Kelten und Römern. Sie hatten also den Wein dorthin mitgebracht und angebaut. Die Kaiser hatten aber komische Namen: Augustus und Claudius und so. Na, da war ihm Johannes aber doch lieber. Aber dumm scheinen sie nicht gewesen zu sein. Sie bauten richtig schöne Straßen nach tollen Plänen. Und was sie sonst noch so alles bauten. Da gab es die – wie hieß das Ding doch gleich – Porta Nigra. Johannes musste den Namen erst mal buchstabieren. Aha, das war ein Stadttor. Und das gibt es heute noch. Vielleicht hatte ein Wachsoldat damals dort sein Schwert vergessen, und er, Johannes, würde es heute finden. Na, das wäre ein Ding. Und dann bauten sie noch Thermen und eine Basilika und ein Amphitheater und noch ...

Dem Jungen fielen die Augen zu. Er war nun doch richtig müde geworden. Der Tag war aufregend gewesen. Und die vielen Fremdwörter. Er war froh, dass Sven mitkommen würde. Der würde ihm alles ganz genau erklären können. Da war er sich sicher.

Johannes legte die Bücher zur Seite, schaltete das Licht aus und war im nächsten Augenblick auch schon eingeschlafen.

In seinen Träumen wanderte er durch Trier. Fast hätte er sich verlaufen. Als er aber auf einen hohen Weinberg stieg, konnte er die ganze Gegend überblicken.

Aber selbst zum Träumen war Johannes wohl zu müde. Er schlief und schlief, bis ihn am nächsten Morgen die Sonne an der Nase kitzelte. Er musste niesen und wachte auf.

2

Als erstes sah der die beiden Bücher auf seinem Nachtschrank und wusste sofort wieder, warum sie dort lagen: Urlaub in Trier. Das war es. Und schon war er - schwuppdiwupp - aus dem Bett. Gewöhnlich dauerte es sonst immer sehr viel länger. Aber heute nicht. Er hatte noch viel vor.

Papa war zur Arbeit. Die Mama war in der Küche. Sie wunderte sich, dass Johannes heute schon so früh auf war. Nach der Morgenwäsche gab es erst mal Frühstück. Johannes hatte Hunger und langte ordentlich zu.

„Mama," fragte er, „wann wollen wir denn meinen Koffer packen? Nicht dass wir es zu spät machen. Ich muss an vieles denken. Ich brauche ein paar sehr wichtige Dinge."

Die Mama musste lächeln als sie antwortete: „Nach dem Mittagessen geht es gleich los. An so wichtige Dinge wirst du ja wohl nicht zu denken haben. Wenn du alles genauso wichtig nehmen würdest wenn du zur Schule gehst, wäre uns allen sehr geholfen. Aber da muss ich immer fragen: Johannes, hast du auch alles? Du kannst dich am Vormittag noch von deinen Freunden verabschieden und Bescheid sagen, dass du für eine Woche nicht zum Dummheiten machen zur Verfügung stehst."

Johannes zog einen Schmollmund. Erst mal: Er dachte immer an alles, wenn er zur Schule ging. Na gut, manchmal vergaß er etwas. Und es war schon ganz gut, dass Mama doch noch mal nachfragte. Und zweitens was heißt hier: „Zum Dummheiten machen nicht zur Verfügung stehen." Er machte gar keine Dummheiten. Jedenfalls nicht viele. Was konnte er dafür, wenn die Dinge manchmal nicht so liefen, wie er es geplant hatte. Sozusagen plötzlich außer Kontrolle gerieten. Und ausgerechnet dann war immer irgendeiner da, der es auch genau sah und seinen Eltern erzählte. Manchmal ging es schon verrückt zu in dieser Welt. Aber er hatte sich schon in vielen Dingen wesentlich gebessert. Das wussten auch seine Eltern. Und sie waren froh darüber. Dass trotzdem manchmal etwas danebenging, nun dafür war man ein Junge und ein Kind. Papa und Mama waren früher auch keine Engel. Das hatte er bei Gesprächen schon herausgefunden.

Es war heute wieder ein wunderschöner Sommertag. Johannes zog seine Sandaletten an und machte sich auf den Weg. Sein bester Freund, außer Onkel Horst, wohnte gar nicht weit weg. Gleich um die Ecke im nächsten Block.

Johannes stieg die eine Treppe hoch und klingelte an der Haustür. Es dauerte eine ganze Weile, bis sein Freund die Tür öffnete.

„Hallo, Johannes", rief er, „was machst du denn schon so früh hier? Es sind Ferien und noch fast mitten in der Nacht. Da hast du aber Glück gehabt. Ich bin gerade aufgestanden. Komm rein. Meine Mutti ist gerade beim Saubermachen. Da gehen wir am besten in mein Zimmer."

„Na so ein Blödsinn", dachte Johannes. Es ist doch schon zehn Uhr und da ist ja wohl jeder auf. Dass es bei ihm normalerweise in den Ferien nicht anders war, und auch er gerne und lange schlief, daran dachte er nicht.

Er ging also mit Martin, seinem Freund, in dessen Zimmer. Martin war es etwas peinlich, dass er am Vorabend nicht aufgeräumt hatte, aber bei Johannes sah es oftmals nicht anders aus. Darum sagte Johannes auch nichts. Und er übersah großzügig – er dachte dabei an seine eigene Unordentlichkeit – das mittlere Chaos in Martins Zimmer. Daran hatte er im Moment eigentlich auch gar kein Interesse.

„Martin, hör zu", sagte er zu seinem Freund, „mein Papa bringt mich morgen früh zu meinem Onkel und übermorgen fahren wir für eine Woche in den Urlaub nach Trier. Das kennst du bestimmt und weißt, was da so alles los ist. Alte Römer und Kelten und so. Ich brauche dir das alles nicht zu erklären. Du weißt ja Bescheid."

Johannes gab mit seinem neu erworbenen Wissen mächtig an. Und Martin bekam ganz große Ohren. Dass er von all dem keine Ahnung hatte, wollte er aber auf keinen Fall zugeben.

„Na klar, ich weiß Bescheid. Aber du kannst mir ja trotzdem mal was darüber zu lesen geben. Ich kann dann mein Wissen wieder auffrischen. Das ist ja ein tolles Ding. Da fährst du also nach Trier. Ich könnte dich glatt beneiden. Wenn du wieder zurück bist, musst du mir alles genau erzählen", sagte Martin.

Dann sprachen sie noch eine ganze Weile über die Reise und was sie machen wollten, wenn Johannes wieder zurück wäre. Darüber verging die Zeit und im Nu war es Mittag. Johannes verabschiedete sich von seinem Freund und machte sich auf den Heimweg.

Aber er hatte es eigentlich gar nicht so eilig. Erst mal schien die Sonne ganz herrlich. Und zum anderen hatte er beim Schlendern Zeit zu überlegen, was er alles mitnehmen musste. Das wollte gut bedacht sein. Also: eine Taschenlampe musste es sein. Dazu einen Kompass, seine Uhr,

Schreibzeug war ganz wichtig, den Fotoapparat und noch die Lupe. Ja, das war wohl alles.

Nun war es aber doch schon reichlich spät geworden. Seine Mama wartete sicher schon. Und Hunger hatte Johannes nun auch bekommen.

Zu Hause angekommen merkte er, dass er mal wieder den Schlüssel vergessen hatte. Er klingelte also. Da hörte er auch schon die Mama kommen. Als sie öffnete sagte sie: „Na, du hast wohl mal wieder deinen Schlüssel vergessen. Junge, sei nur nicht immer so schusselig."

„Wenn es aber auch heute so aufregend ist! Da kann man schon mal was vergessen", dachte Johannes. Aber laut sagte er: „Kommt nicht wieder vor, Mama. Was gibt es denn zu essen? Ich habe großen Hunger."

„Ich habe dir heute noch mal zum Abschied Spaghetti Bolognese gekocht. Ich denke, damit wirst du zufrieden sein", antwortete die Mama.

Johannes lief das Wasser im Mund zusammen. Das war ja eine tolle Sache. Sein Lieblingsessen zum Abschied. Mama war eben doch die Beste.

„Toll Mama", sagte er, „genau das Richtige. Da werde ich so richtig reinhauen."

Der Tisch war schon gedeckt und der dampfende Teller lud geradezu zum Essen ein. Johannes wusch sich noch schnell die Hände und dann aß er mit Mama zusammen. Es schmeckte herrlich.

Nun war alles aufgegessen und Johannes war nudeldick satt.

„Das war prima", sagte er, „wollen wir nun meinen Koffer packen? Ich habe mir schon alles überlegt, was ich mitnehmen muss."

Die Mama hatte den Koffer schon bereitgestellt, und nun suchten sie gemeinsam die Sachen aus, die Johannes mitnehmen sollte. Das dauerte gar nicht so lange. Danach holte er all die anderen Dinge zusammen, die er sich überlegt hatte. Die kamen ganz obenauf. Bald war alles erledigt.

„Danke schön, dass du mir geholfen hast", sagte Johannes, „ich werden nun noch in den Büchern von Papa lesen, damit ich schon gut Bescheid weiß."

„Gut", antwortete die Mama, „ich muss noch mal los. Sei schön lieb. Bis zum Abend bin ich zurück." Sie zog sich an und ging los.

Johannes holte die Bücher vor und schlug sie auf. Da gab es ja wirklich noch eine Menge zu lesen. Als er aus dem Fenster schaute bemerkte er, dass sich die Sonne hinter einer ganz dicken und schwarzen Wolke versteckt hatte. Es dauerte auch nicht lange, da klatschten dicke Regentropfen an das Fenster.

„Da versäume ich draußen wenigstens nichts", dachte Johannes.

Er schaltete seinen CD-Player ein, setzte die Kopfhörer auf und war ganz in das Buch vertieft. Er las alles sehr gründlich. Und so merkte er gar nicht, wie plötzlich Mama und Papa ins Zimmer kamen.

„Na, du kleine Leseratte", sagten sie, „du hast wohl den ganzen Nachmittag über gelesen?"

„Ja, das habe ich. Nun weiß ich eine ganze Menge. Und bei dem Regenwetter habe ich draußen auch nichts verpasst", sagte er.

Der Abend verlief wie jeder andere auch. Nur, dass sie noch über Johannes' Reise sprachen. Die Eltern gaben ihm gute Ratschläge und Ermahnungen. Dann war auch schon wieder Schlafenszeit.

Johannes dachte noch einmal über alles nach. Dann fielen ihm auch schon die Augen zu, und er war im Land der Träume. Er schlief tief und fest. Und das war auch notwendig. Denn die nächsten Tage würden ganz bestimmt sehr anstrengend und aufregend werden. Er wollte doch nichts verpassen. Da war es dann schon gut, wenn man ein bisschen im Voraus schlief.

3

Als Johannes am nächsten Morgen aufwachte, fühlte er sich besonders gut ausgeschlafen und ausgeruht. Da konnten ja die Abenteuer beginnen. Als er aber den Vorhang zurückzog, verfinsterte sich seine Miene ganz erheblich. Es regnete nämlich immer noch.

„So ein Sauwetter", dachte Johannes, „musste es denn nun gerade heute regnen? Das fängt ja gut an. Wenn das die ganze Woche so weitergeht, na dann prost Mahlzeit".

Doch etwas übellaunig ging er ins Bad und zog sich danach an. Seine Eltern hatten schon den Frühstückstisch gedeckt, und nach einem knurrigem „Guten Morgen" aß Johannes sein Frühstück.

„Für einen, der eine schöne Reise vorhat, hast du aber mächtig schlechte Laune", sagte Papa.

Johannes antwortete: „Na, sieh dir doch mal das Wetter an. Da soll man keine schlechte Laune haben! Wenn das nun eine Woche lang so regnet, was dann?"

„Regen", fragte Papa, „Regen? Wo regnet es denn? Hast du deine Augen nicht richtig ausgewaschen, und trübt der

Schlafsand etwa noch deinen Blick? Einen schöneren Tag kann ich mir nicht vorstellen."

Johannes sauste zum Fenster. Richtig: der Regen hatte aufgehört, und die Sonne schickte ihre schönsten Strahlen vom klarblauen Himmel. War das toll! Johannes jubelte und sprang durch das Zimmer. Nun war alles klar, nun konnte es losgehen, nun konnte nichts mehr geschehen.

Es wurde also schnell gemeinsam aufgeräumt, und dann wurde der Koffer nach unten gebracht. Die Mama musste zur Arbeit. Sie verabschiedete sich von ihrem Jungen mit einem dicken Kuss und guten Wünschen. Und das mitten auf der Straße! Johannes schaute sich verstohlen um. „Hoffentlich hat das niemand gesehen", dachte er. Aber es war ja auch egal. Es zeigte ihm doch auch, wie lieb sie ihn hatte und dass sie sich um ihm sorgte.

Nun war alles verstaut und Johannes stieg ins Auto. Papa war schon drin. Er startete den Motor und los ging es. Johannes winkte der Mama noch, bis sie nicht mehr zu sehen war.

Sie hatten Glück. Kein Stau und keine Bummelei. Es ging zügig voran und schon nach einer Stunde waren sie bei seinem Onkel.

Das war eine Begrüßung. Sie standen schon auf der Straße und warteten. Johannes rannte zu allen, hin und drückte sie ganz fest. Sven fing sogar noch einen freundschaftlich gemeinten Boxhieb ein und verzog aus Spaß das Gesicht.

„He, du Bursche", rief er, „wenn du das noch öfter im Urlaub machst, bin ich grün und blau! Du hast ja ganz schön starke Muskeln bekommen. Das macht wohl dein Training, was?"

Papa musste sich leider ganz schnell wieder verabschieden, denn auch er musste zur Arbeit. Er hatte sich nur ein paar Stunden frei nehmen können. Auch er drückte Johannes zum Abschied ganz fest und gab noch schnell die letzten Ermahnungen.

„Ach Papa, hör doch auf. Ich bin schon groß und weiß ja alles. Mach dir keine Sorgen. Es geht alles klar", sagte er.

„Na ja, aber ...", sagte Papa noch. Dann drehte er sich aber um, gab ihm noch einen kleinen Klaps, und dann fuhr er los. Johannes winkte auch ihm, bis er um die Ecke gefahren war.

„Onkel Horst, Tante Eva", sprudelte er dann los, „wann geht es los? Habt ihr schon eure Koffer gepackt? Habt ihr an alles gedacht? Wie lange werden wir fahren?"

Fragen über Fragen und die beiden lachten herzlich los.

„Nun wollen wir erst mal deine Sachen ins Haus tragen", sagte sein Onkel, „und dann beantworte ich dir alle Fragen. Ich muss nur noch zur Tankstelle und den Garten gießen. Wenn du mir hilfst, können wir am Nachmittag noch ein bisschen durch den Wald stromern. Tante Eva hat schon alles fertiggemacht. Heute ist also schon fast der erste Urlaubstag, und ich habe Zeit."

„Klar, helfe ich dir. Kein Problem", sagte Johannes.

Sie stiegen also beide ins Auto und fuhren zur Tankstelle. Unterwegs antwortete Onkel Horst auf alle seine Fragen. Und das waren nicht gerade wenige.

Als sie wieder zu Hause waren, gingen sie in den Garten. Johannes war ja nicht lange fort gewesen. Es hatte sich also auch nicht so viel verändert. Aber manches doch. Und das ist ja normal. Es wäre auch schlimm, wenn nicht alles wachsen und gedeihen wollte. Es war, wie immer, sehr schön im Garten von Onkel Horst. Johannes schaute gleich mal in die Ecke, wo der Munk wohnte. Aber da war alles ruhig und unauffällig. Er schaute verstohlen zu seinem Onkel. Der hatte den Jungen beobachtet und lächelte nun. Dem Munk ging es also gut.

„Na bestens", dachte Johannes, alles in Ordnung.

Nun holten sie beide den Gartenschlauch raus. Johannes schloss ihn an die Wasserleitung an, Onkel Horst gab das Kommando „Wasser marsch" und dann ging es los.

Es war ein warmer und schöner Tag. Als sich sein Onkel umdrehte sah er, dass Johannes gerade woanders hinschaute. Da hielt er den Wasserstrahl auf den Jungen. Und sofort ging ein Gequietsche los. Brüllen und Lachen schallte durch den Garten. Sie tobten, was das Zeug hielt. Schade, dass Sven noch mal weg musste. Der hätte ganz sicher mitgemacht.

Tante Eva hörte das Schreien und Lachen sehr wohl, hütete sich aber, nach draußen zu gehen. Sie wusste genau: wenn sie rausging, würde sie eine gehörige Portion abbekommen. Und kaltes Wasser konnte sie nun mal ganz und gar nicht leiden. Darum verhielt sie sich drinnen ganz still.

Nach einer Weile, als alles fertig war, kamen beide rein. Ganz rot im Gesicht und pudelnass.

„Tante Eva", rief Johannes, „warum bist du nicht gekommen und hast mir geholfen? Onkel Horst hat mich ganz nass gemacht und hat auch noch angefangen, und ich bin so klein und konnte mich nicht wehren."

„Du sei nur ja still", antwortete seine Tante, „und wer hat mitgemacht und von was ist Onkel Horst so nass? Ihr seid beide richtige Ferkel. Nun aber abtrocknen und dann kein Wort mehr. Alle beide nicht."

Die beiden grinsten sich an, trockneten sich ab und zogen neue Sachen an.

Als sie fertig waren, sagten sie zu Tante Eva: „Wir gehen jetzt noch ein bisschen in den Wald."

„Ist gut", sagte Tante Eva, „aber seht euch ein bisschen vor. Macht euch nicht schmutzig. Ich habe keine Lust, heute noch mal zu waschen. Und kommt nicht zu spät!"

Die beiden lachten und zogen los.

Im Wald war es, wie immer, herrlich. Es roch so wunderbar nach Harz und Waldboden. Die Sonne flimmerte durch die Äste der Buchen und Kiefern. Alles erschien irgendwie geheimnisvoll. Es war einfach schön. Und die beiden sprachen kaum ein Wort miteinander. Sie verstanden auch so alles. Nur wenn Johannes eine Frage hatte, beantworte sie sein Onkel fast im Flüsterton. Tiere waren heute leider nicht zu sehen. Dafür war es wohl zu warm. Aber die Pflanzen, die Blumen und das Gras: alles war vom Regen am Morgen noch frisch und grün.

Sie setzten sich in den Schatten einer Kiefer und hatten Glück: ein Eichhörnchen huschte über den Waldboden und kletterte geschwind den Stamm hinauf. Es bemerkte die beiden gar nicht. Lustig turnte es in den Ästen und Zweigen.

Nun wollte Johannes noch nach den Ameisen sehen. Also gingen sie zum Ameisenhaufen. Er erinnerte sich an sein Abenteuer mit ihnen und dem großen Stein. Die Ameisen waren fleißig wie eh und je. Als sie ihnen eine Weile zugeschaut hatten, erinnerte Onkel Horst daran, dass sie nun wieder so langsam nach Hause müssten. Also machten sie sich auf den Heimweg.

Zu Hause angekommen, wartete Tante Eva schon mit dem Abendbrot. Sven war auch wieder zurück, und so aßen sie alle gemeinsam. Als alles fertig war, redeten sie noch eine ganze Weile über den Urlaub, und was sie wohl so alles erleben würden. Johannes bekam aber dann doch ganz kleine Augen, und so wurde beschlossen, heute mal früh ins Bett zu gehen. Sie wollten ganz früh losfahren und würden bestimmt sechs Stunden unterwegs sein. Es waren immerhin über 500 km zu fahren.

So gingen sie also ins Bett. Morgen begann die Reise, und Johannes freute sich mächtig darauf.

4

Es versprach ein wunderschöner Tag zu werden. Kein Wölkchen am Himmel. Nur heller Sonnenschein. Und die Vögel sangen ganz unbekümmert ihre Morgenlieder.

Johannes war mit einem Sprung aus den Federn. Heute ging es los, heute begann die Reise. Sein Onkel und seine Tante waren schon lange auf. Das Auto stand schon vor der Tür.

„Guten Morgen", rief Johannes, „ihr seid ja schon fast fertig. Wo ist denn Sven?"

„Den kannst du mal wecken", sagte Tante Eva, „der Langschläfer liegt noch im Bett."

Johannes schlich sich in Svens Zimmer. Richtig: der schlief noch. Da riss ihm Johannes die Decke weg und sauste aber auch sogleich aus dem Zimmer. Er wusste: wenn man Sven so unsanft weckt, gibt es Ärger. Er lief ins Bad.

Als er wiederkam, kam ihm Sven entgegen: „Das kriegst du wieder, Bursche", sagte er mit einem ganz ernsten Gesicht und musste auch gleichzeitig lächeln. Johannes wusste: es war alles in Ordnung.

Um zu frühstücken, war er viel zu aufgeregt. Etwas musste er aber doch essen. Tante Eva bestand darauf.

Nun war aber alles geschafft. Die Koffer waren verpackt, die Türen waren alle verschlossen und es konnte losgehen.

„Wenn niemand etwas vergessen hat, kann es ja losgehen", sagte sein Onkel. Er startete den Motor und sie fuhren los.

Bis sie zur Autobahn kamen, dauerte es fast eine Stunde. Sie fuhren durch Wälder und an Feldern vorbei. Oft sahen sie Rehe nahe der Straße stehen. Da musste sein Onkel besonders gut aufpassen. Dann waren sie endlich auf der Autobahn. Das gefiel Johannes nicht so gut, denn es war langweilig. Zu sehen gab es nicht allzu viel. Zum Glück hatte er im letzten Moment an ein Buch gedacht. Dies holte er nun raus und begann darin zu lesen. Da war er beschäftigt und die Zeit verging.

Nach einer ganzen Weile sagte er: „Tante Eva, ich habe Hunger. Du hast doch bestimmt was zu essen dabei. Gibst du mir bitte was?"

„Ich würde auch was nehmen", sagte Sven. Seine Tante suchte die Stullen raus, die sie mitgenommen hatte. Sie kannte doch ihre Pappenheimer.

„Lasst es euch gut schmecken", sagte sie. Die beiden langten kräftig zu. Nachdem sie auch noch ihren Durst gelöscht hatten, sagte Johannes zu Sven: „Kannst du mir nicht mal was von den alten Römern und den Kelten erzählen?

Du studierst doch Geschichte und hast ganz bestimmt eine Menge Ahnung von diesen Dingen. Ich habe ja schon viel gelesen, aber wenn du es mir erklärst, ist das viel besser."

Und Sven ließ sich nicht lange bitten. Er erzählte Johannes, wie es früher bei den alten Römern so zuging, wie sie lebten und was sie machten. Das war für den Jungen alles sehr interessant. Er hörte gespannt zu und hatte ganz rote Ohren vor Aufregung. Vor allem war interessant, wie, was und wo sie so alles gebaut hatten. Eine ganze Menge davon war in Trier. Und vieles davon war noch gut erhalten. Das sollte er nun bald zu sehen bekommen. Er freute sich schon sehr darauf.

Inzwischen war wieder geraume Zeit vergangen. An der Stadt Eisenach waren sie schon lange vorbei. Johannes hatte die Wartburg gesehen und Sven hatte ihm auch davon erzählt. Ein Stückchen waren sie auf einer Landstraße gefahren und da hatte Johannes schon die ersten Burgen entdeckt.

„Koblenz - 10 km" stand auf einem Straßenschild. Nun war es gar nicht mehr weit. An dieser Stelle floss die Mosel in den Rhein. Das wusste Johannes auch schon.

„Johannes", sagte sein Onkel, „jetzt fahren wir durch die Vulkaneifel. Die Seen, die du links und rechts manchmal sehen kannst, sind ehemalige Vulkankrater. Heute sind sie aber alle erloschen und haben sich mit Wasser gefüllt. Hier kann man baden, angeln und Boot fahren."

Johannes schaute interessiert aus dem Fenster. Das war ja toll: hier gab es also auch mal Vulkane. Und er dachte, die gäbe es nur weit weg; in Amerika, Italien und so. Donnerwetter, also hier waren auch welche. Hoffentlich überlegte es sich nicht plötzlich ein Vulkan und brach aus. Aber Onkel Horst hatte ja gesagt, sie wären alle erloschen. Doch wissen konnte es man ja nie so genau.

„Hier fahren wir von der Autobahn runter", sagte sein Onkel, „und dann fahren wir den Rest des Weges an der Mosel entlang. Das ist zwar etwas weiter und dauert ein bisschen länger, aber es ist viel interessanter und wir sehen viel mehr. Pass jetzt schön auf, Johannes, bald wirst du die ersten Burgen zu sehen bekommen."

Johannes setzte sich so hin, dass er auch alles sehen konnte, jetzt wurde es richtig, jetzt ging es los.

„Waren denn hier auch schon Römer?" fragte er.

„Na klar", antwortete Sven, „überall hier waren sie. Auf Schritt und Tritt kannst du ihre Spuren finden. Freilich die Burgen stammen nicht aus dieser Zeit. Aber sie sehen toll aus. Manche sind noch sehr gut erhalten und sogar noch bewohnt, andere aber sind nur noch Ruinen. Leider die meisten der Burgen."

Plötzlich sah Johannes eine wunderschöne Burg vor sich. Sie stand, wie fast alle Burgen, auf einem Berg. Stolz und trutzig stand sie da.

„Das ist die Reichsburg Cochem", sagte sein Onkel, „und der Fluss dort ist die Mosel."

Johannes sperrte Mund und Augen auf. So etwas hatte er noch nicht gesehen. Das war ja ganz gewaltig. Sven erklärte ihm, was es mit der Burg auf sich hatte.

Auch die Stadt Cochem war wunderschön. So viele kleine und verwinkelte Gassen. Wie aus einem Bilderbuch. Es war Mittagszeit, und sie hielten hier an. Nachdem sie zu Mittag gegessen hatten, schauten sie sich die Stadt an. Es war wie eine richtige Märchenstadt.

Auf der Fahrt nach Trier sah Johannes schon viele alte Römerbauten.

Nun mussten sie aber weiter. Sie fuhren an der Mosel entlang. Der Fluss machte viele Windungen. Rechts und links davon waren Weinberge. Riesengroß! Es war nicht zu unterscheiden, wo der eine aufhörte und der andere anfing. Johannes staunte. Wer sollte den ganzen Wein nur ernten? Das machte bestimmt eine Menge Arbeit. Und die Berge waren fast alle sehr steil. Dem Jungen wurde schon vom Hinsehen ganz schwindelig.

Und immer wieder tauchten Burgen auf. Da gab es Burg Metternich, die Grotenburg und Burg Landshut. Er konnte sich die Namen gar nicht alle merken. Alle waren wunderschön. Johannes stellte sich vor, wie es wohl damals, zur Ritterzeit, gewesen sein musste.

Plötzlich rief Sven: „Sieh mal, da oben in den Weinbergen! Die Gebäude, die du dort siehst, das sind Römergräber. Das sind bestimmt Familiengräber von Römern, die hier damals lebten."

Johannes verengte sich fast den Hals. Und dann sah er sie. Richtig: da standen sie mit Säulen und ganz so, wie er es auf Bildern gesehen hatte und sie sich vorgestellt hatte. Er war ganz still geworden und betrachtete ehrfürchtig das Bild, welches sich ihm bot.

„Davon werden wir noch eine ganze Menge mehr zu sehen, bekommen. Davon und von einer Menge mehr. Das ist nur der Anfang", rief sein Onkel und war selber ganz begeistert. Tante Eva kam gar nicht zu Wort. Aber auch sie schaute und staunte über all die Dinge, die es hier zu sehen gab.

Nun war Trier aber schon in Sichtweite gerückt.

„Da vorn, die Türme, das müsste schon Trier sein", sagte seine Tante. Und richtig, so war es: endlich waren sie da.

Tante Eva holte den Zettel mit der Adresse raus, und nun musste nur noch die richtige Straße gefunden werden.

Aber etwas anderes wurde nun viel interessanter. Da stand sie plötzlich vor ihnen. Schwarz und mächtig. Schön und großartig. Die Porta Nigra, das schwarze Tor. Johannes bekam eine richtige Gänsehaut. War das toll!

„Da...da...da ist sie", brüllte er fast heraus.

„Alles zu seiner Zeit", antwortete sein Onkel.

Aber auch ihn, sowie auch Tante Eva und Sven, hatte der Anblick sehr beeindruckt. Es versprach, wirklich eine aufregende und interessante Woche zu werden.

Johannes rutsche unruhig auf seinem Platz hin und her. Nun hatten sie endlich ihr Hotel gefunden. Das Auto kam auf den Parkplatz, und die Koffer wurden ins Zimmer getragen.

Johannes hatte, mit Sven zusammen, ein eigenes Zimmer. Sie packten die Koffer aus und räumten alles ordentlich ein. Jeder hatte seine eigenen Fächer. Ordnung musste nun mal sein.

Dann rannte er aber auch schon in das Zimmer von Onkel Horst und Tante Eva.

„Wann geht es los", fragte er, „wann sehen wir uns alles an?" Tante Eva antwortete: „Sei nicht so ungeduldig und aufgeregt. In einer halben Stunde brechen wir zu einem ersten Rundgang auf. Heute schaffen wir doch nicht mehr alles. Das ist unmöglich. Aber einen ersten Eindruck gewinnen wir ganz bestimmt."

Pünktlich nach dreißig Minuten stand Johannes gestiefelt und gespornt im Zimmer bereit. Er hatte alles bei sich: Fotoapparat und Kompass. Taschenlampe und Stadtplan.

Onkel Horst musste tüchtig lachen, als er das sah. Er sagte aber nichts und blinzelte Tante Eva und Sven zu. Es machte Spaß zu sehen, wie der Junge seine Freude an der Sache hatte und wie sehr er sich für alles interessierte. So gingen sie also auf die erste Entdeckungstour.

Es war schon später Nachmittag und von der Fahrt waren sie alle etwas müde. So kamen sie bald schon auf ihre Zimmer zurück. Sie hatten zwar noch nicht viel gesehen, aber was sie gesehen hatten, gefiel ihnen sehr gut.

Sie machten sich im Bad frisch und gingen zum Abendessen ins Restaurant. Johannes durfte sich aussuchen, was er wollte. Das taten eigentlich alle.

Satt, zufrieden und müde gingen sie dann auf ihre Zimmer. Es wurde beschlossen, dass man sich am nächsten Tag die Porta Nigra und das Amphitheater ansehen wollte.

Johannes war sehr aufgeregt. Er war überzeugt davon, dass es sehr abenteuerlich zugehen würde. Er konnte noch nicht ahnen, wie Recht er damit haben würde.

Für heute war er ganz schön müde. Er legte sich also ins Bett und wollte noch etwas lesen. Aber die Augen fielen ihm wie von selbst zu und husch, war er im Traumland.

Hier waren seine Abenteuer schon aufregend genug. Aber was er in den nächsten Tagen erleben würde, dagegen waren sie nichts.

Davon konnte er jedoch noch nichts wissen, und so schlief er tief und fest bis zum nächsten Morgen.

5

„Aufstehen, du Faulpelz", rief Sven. Heute war er es, der Johannes weckte. Der räkelte sich, gähnte herzhaft und war auch schon aus dem Bett.

Tante Eva und Onkel Horst warteten schon am Frühstückstisch.

„Guten Morgen", riefen sie, „habt ihr gut geschlafen?"

Sie frühstückten ausgiebig, und dann ging es endlich los.

Johannes war gut ausgerüstet. Taschenlampe und Uhr hatte er bei sich. Den Fotoapparat trug Tante Eva. Natürlich hatte er auch Kugelschreiber und Notizbuch dabei.

Das Hotel lag gar nicht weit entfernt von der Porta Nigra, und nach kurzer Zeit hatten sie es erreicht.

Was war das für ein gewaltiger Bau! Der musste genau besichtigt werden.

Sven, der wirklich bestens Bescheid wusste, erklärte alles: „Die Porta Nigra ist das nördliche Stadttor einer mächtigen Befestigungsanlage, die fast 6,5 km lang war. Sie wurde im zweiten Jahrhundert gebaut, also vor zweitausend Jahren und ist eine Doppeltoranlage. Das heißt, innen befindet sich auch ein Innenraum. Gelang es wirklich mal einem Feind einzudringen, so konnte er von allen Seiten angegriffen werden. Die Porta ist aus riesigen Quadern aufgetürmt, die ohne Mörtel auseinandergesetzt und mit Eisenklammern im Bleierguss zusammengefügt wurden."

„Das hört sich an, als wenn ein Professor an der Universität einen Vortrag hält", dachte Johannes. Aber er war froh, dass er dies alles so gut erklärt bekam und war Sven dankbar dafür. Und fragen, wenn er etwas nicht verstand, konnte er ja immer noch.

Nun gingen sie hinein.

Johannes betrachtete alles sehr aufmerksam. Er machte einige Fotos, zeichnete und schrieb in seinem Notizbuch und untersuchte ein paar Stellen mit der Lupe. Alte Schwerter aber konnte er nirgendwo entdecken. „Schade", dachte er.

Als sie so durch das alte Tor schlenderten, wurde es Johannes manchmal ganz unheimlich. Er konnte richtig hören, wie die römischen Soldaten eilfertig die Treppen rauf- und runterliefen. Manchmal kam es ihm so vor, als ob er gerade einen Hauptmann seine Befehle rufen hörte.

Er schaute aus einem Fenster und sah eine lange Straße tief unter sich liegen.

„Das war die Hauptverkehrs- und Handelsstraße der Römer in Trier", sagte Sven.

Johannes ging immer weiter durch die Porta und träumte sich richtig in die längst vergangene Zeit.

„Nun müssen wir aber weiter", rief sein Onkel, „wir wollen ja auch noch das Amphitheater sehen."

Johannes schaute auf seine Uhr. Sie hatten mit der Besichtigung fast drei Stunden zugebracht. Wenn sie so weitermachten, würden sie nicht viel sehen können.

„Also nun mal auf ins alte Römertheater!" rief er.

Sie machten sich auf den Weg und kamen an vielen Bauwerken vorbei. Da war der Hauptmarkt mit einem wunderschönen Marktbrunnen, der Dom, die Konstantin-Basilika und die alten Bäder, die Thermen. Das alles wollten sie sich genau im Laufe der Woche ansehen. Heute ging es aber erst einmal zum Amphitheater. Und das interessierte Johannes am meisten.

Nach einer ganzen Weile, Johannes fingen schon an die Füße wehzutun, waren sie endlich angekommen. Bevor sie mit der Besichtigung begannen, ruhten sie sich auf einer Bank aus. Das gab Sven wieder Gelegenheit, mit seinen Erklärungen zu beginnen. Alle hörten wieder aufmerksam zu.

„Das Amphitheater ist das älteste noch erhaltene römische Bauwerk in Trier. Es wurde im Jahre einhundert nach Christus als ein Erdbau errichtet. Das ist etwas besonderes, weil die Römer sonst alles aus Stein bauten. Es hat vier Eingänge und die Arena ist 75 Meter lang und 50 Meter breit. In der Abschlussmauer sind zwölf Kammern eingefügt, die zur Aufbewahrung der wilden Tiere dienten. Im Keller wurde das Regenwasser aufgefangen und die Gladiatoren untergebracht. Es fanden etwa 20 000 Besucher im Theater Platz. Hier fanden blutige Kämpfe zwischen wilden Tieren, zwischen Menschen und Tieren und von Menschen gegen Menschen statt. Diese grausamen Gladiatorenspiele waren der Höhepunkt der Veranstaltungen", so dozierte Sven.

Nun gingen sie bis in die Mitte der Arena. Hier standen sie und schauten sich ringsum alles an.

Johannes begann schon wieder zu träumen. Doch diesmal war sein Träumen anders, ganz anders.

Es wurde plötzlich ganz still, und das helle Sonnenlicht begann zu verblassen. Alles um ihn herum wurde unwirklich. Ja, es begann zu zerfließen. Als ob er ins Wasser sieht, und eine Welle verzerrt das Bild. Ihm schauderte.

Nun wurde es aber wieder hell und warm. Er hörte ein unglaubliches Stimmengewirr und erwachte wie aus einem tiefen Schlaf.

Was war nur geschehen? Wo war er? Was war hier überhaupt los?

Vorsichtshalber versteckte er sich erst einmal hinter einer großen Mauer. Da konnte ihn niemand sehen.

Johannes begann zu überlegen und klar zu denken. Er war mit Onkel Horst, Tante Eva und Sven in Trier. Sie hatten sich die Porta Nigra angesehen und waren dann ins Amphitheater gegangen. Sven hatte alles erklärt. Er hatte sich das Leben in der römischen Zeit vorgestellt und sich gewünscht, dass er das alles einmal wirklich sehen könnte. Richtig: so musste es gewesen sein. Das war ihm ja in vergangenen Abenteuern schon öfter passiert. Durch sein Wünschen war er dahin gekommen, wohin er wollte. Nun war alles klar. Er wusste inzwischen auch, dass ihn niemand vermissen würde. Irgendwie blieb die Zeit außerhalb seiner Wünsche einfach stehen und niemand merkte etwas.

Nur diesmal hatte er vielleicht doch ein bisschen übertrieben. Die Römerzeit war so schrecklich weit weg. Und ganz ungefährlich war es mit Sicherheit auch nicht.

Er schaute vorsichtig über die Mauer. Er befand sich im Amphitheater. Es war bis auf den letzten Platz gefüllt. Die Menschen waren merkwürdig gekleidet. Sie trugen Umhänge. Diese hießen Toga. Das wusste Johannes aus den Büchern. Dazu trugen sie Sandalen, die bis an das Knie geschnürt waren. Alle waren aufgeregt und redeten durcheinander. Ein Kampf musste unmittelbar bevorstehen. Er hörte auch schon das Gebrüll von wilden Tieren. Über dem

Haupteingang war es besonders belebt. Das war die Ehrenloge. Und da saß jemand, der auf dem Kopf einen geflochtenen Kranz trug. „Aha", dachte Johannes, „das wird sicher der Kaiser sein." Aber welcher war es? Wie hieß er? Er kannte ja die Zeit nicht genau, in die er gerutscht war.

Da zupfte ihn plötzlich jemand an seinem T-Shirt. Johannes bekam einen mächtigen Schreck und sah sich um. Hinter ihm stand ein Junge. Er war etwa in seinem Alter und so gekleidet, wie es der Mode entsprach: eine Toga und Sandalen.

Angst hatte Johannes nicht. Aber er war überrascht. Hatte er doch gedacht, er hätte sich gut versteckt.

„Was machst du denn hier", flüsterte der Junge, „lass uns nur schnell von hier abhauen. Wenn sie dich erwischen, gibt es mehr als nur Ärger."

In geduckter Haltung schlichen sie sich davon. Der fremde Junge vorneweg und Johannes hinterher. Er hatte Mühe, den Jungen nicht zu verlieren. Denken konnte er in diesem Moment nicht.

Als sie nicht mehr in unmittelbarer Nähe der Arena waren, richteten sie sich auf. Trotzdem ging es noch ziemlich schnell weiter. Endlich hatten sie den Bereich des Theaters verlassen, und der Junge ließ sich ins dichte und hohe Gras fallen. Johannes war sehr erschöpft und plumpste ins Gras.

Der Junge schaute Johannes eine Weile an und sagte dann: „Was machst du denn hier, wie siehst du denn aus, und wer bist du eigentlich?"

Johannes antwortete: „Das ist eine lange und ziemlich komplizierte Geschichte. Zuerst nur so viel: ich war mit meinem Onkel und meiner Tante in Trier zum Urlaub. Da habe ich mir vorgestellt, wie es bei den alten Römern gewesen sein musste. Und plötzlich war ich hier, in deiner Zeit. Ich heiße Johannes, und solche Sachen trägt man jetzt in meiner Zeit. Wer bist du denn eigentlich? Erzähl mal ein bisschen."

Der fremde Junge schaute Johannes mit offenem Mund an. Das verstand er alles nicht. Waren da etwa die Götter am Werk und blendeten ihn? Und wenn, waren es die guten oder die bösen Götter? Es dauerte eine ganze Weile, aber dann antwortete er: „Ich heiße Marcus und wohne hier. Das heißt: ich lebe hier. Eine richtige Wohnung habe ich nicht. Mein Vater wurde in einem Krieg mit den Römern in Germanien gefangengenommen und mit meiner Mutter hierher verschleppt. Ich wurde auf diesem Marsch geboren. Leider ist meine Mutter dabei gestorben. Mein Vater versteckte mich und kam als Haussklave zu einer Familie hier in Trier. Nachdem er aber einen Fluchtversuch unternommen hatte, wurde er als Gladiator ausgebildet und lebt jetzt als Kämpfer hier im Amphitheater. Es ist der Gladiator Scipio. Er ist sehr bekannt und beliebt bei den Römern, weil er so stark ist und fair und sehr gut kämpft. Mich hatte er bei Freunden versteckt und ich besuche ihn auf heimlichen Wegen immer dann, wenn es die Gelegenheit erlaubt. Es geht ihm ganz gut. Als Gladiator wird er gut versorgt. Er musste ja den Besuchern gefallen und stark sein. Sonst wird er schon im ersten Kampf getötet.

Ich lebe ganz am Rande der Stadt in einem fast zerfallenen Haus. Ich muss gut aufpassen, dass mich die Wachen und Soldaten nicht erwischen. Ich habe mir heimlich eine Toga besorgt. Denn eigentlich dürfen nur freie Bürger eine

Toga tragen. Unfreie aber nicht. So erkennt mich aber so schnell niemand.

Soweit zu mir. Nun müssen wir uns aber ganz schnell für dich was ausdenken. So kannst du auf keinen Fall rumlaufen. Da schnappen sie dich gleich. Du kommst am besten mit zu mir. Wir müssen gut überlegen, wie es weitergehen soll. Wie war dein Name? Jo... Jo... Jo..."

„Jo - han - nes", sagte Johannes.

„Also, Johannes, warte hier, ich bin bald zurück", antwortete Marcus.

Ehe Johannes etwas sagen konnte, war Marcus verschwunden, Johannes untersuchte nun sich und seine nähere Umgebung. Das Gras war sehr hoch und dicht. Hier würde ihn niemand entdecken. Dann schaute er nach, was er alles bei sich hatte. Da war seine Uhr. Die machte er schnell ab. Das kannten die hier bestimmt noch nicht, und es fiel also auf. In der Hosentasche steckte seine Taschenlampe, Notizbuch und Kugelschreiber. Dann hatte er noch die Lupe bei und seinen Fotoapparat. Aber, zum Teufel, da war kein Film drin. Der letzte Film war voll, und er hatte vor der Besichtigung des Amphitheaters noch einen neuen Film einlegen wollen. Das hatte er aber glatt vergessen.

„So ein Mist", dachte Johannes, „aber vielleicht kann man ja mit dem Blitzlicht mal was anfangen."

Er wollte sich gerade ausstrecken, da war Marcus wieder da. Er hatte eine Toga und Sandalen besorgt.

„Wo hast du das denn her?", fragte er.

„Frag nicht so viel. Zieh es einfach an, und dann müssen wir hier verschwinden. Es dauert nicht mehr lange, dann kommen die Wachen hier vorbei. Und sie sollen uns doch nicht finden", antwortete Marcus.

Johannes schlüpfte in die neuen Sachen. Schade, dass es keinen Spiegel gab. Er sah bestimmt komisch aus. Marcus grinste auch ganz unverschämt.

„Nun komm, du alter Römer", sagte er. Und die beiden machten sich auf den Heimweg.

Nach einer guten halben Stunde waren sie da.

„Doll ist es ja nicht", dachte Johannes. Es sah von außen wirklich nicht sehr einladend aus.

Innen hatte Marcus es aber sehr gemütlich eingerichtet: ein sauberer Schlafplatz, ein Tisch, zwei Stühle und so etwas wie ein Schrank. Alles war sauber und ordentlich aufgeräumt. Johannes musste an sein Zimmer zu Hause denken und bekam einen roten Kopf. Zum Glück wusste Marcus ja von nichts.

„Wo steht denn der Fernseher und der CD-Turm?", fragte Johannes spaßhaft.

„Bitte wo steht was", sagte Marcus und sah ihn ganz erstaunt an.

„Ach, vergiss es einfach. War ein dummer Scherz von mir", antwortete Johannes.

Nun musste der Raum für zwei hergerichtet werden. Marcus holte frisches Stroh und breitete es sauber aus. Dann nahm er aus dem Schrank ein Leinentuch zum Zudecken. Er rückte Tisch und Stühle zurecht und schaute sich dann zufrieden um.

„So müsste es gehen", sagte er.

Johannes bedankte sich vielmals für alles bei Marcus.

„Ach, rede nicht so viel. Besser ist, wenn wir überlegen, wie es weitergehen soll. Wie lange bleibst du denn? Und wie kommst du zurück? Und was wollen wir alles machen?", fragte Marcus.

„Ich bin immer solange in einer Zeit, bis ich mir ganz fest wünsche, wieder zurückzukehren. Die Zeit bleibt dabei einfach irgendwie stehen.

Ich würde sehr gerne so viel wie möglich aus deiner Zeit sehen und mir alles anschauen. Du kannst mir doch sicher viel zeigen", antwortete Johannes.

„Na prima", sagte Marcus, „damit können wir Morgen gleich anfangen. Heute ist es aber schon spät. Lass uns schlafen."

Richtig: es war inzwischen schon dunkel geworden und die beiden Jungen waren müde. Sie legten sich in ihre Strohbetten und waren nach kurzer Zeit eingeschlafen.

6

Am nächsten Morgen wachten sie früh auf.

„Guten Morgen", sagte Marcus, „hast du gut geschlafen?"

„Ja, ganz prima. Tief und fest", antwortete Johannes.

Marcus holte aus seinem Schrank ein Fladenbrot, gekochtes Fleisch und Honig raus.

Johannes knurrte bei dem Anblick ordentlich der Magen. Er hatte schrecklichen Hunger. Ohne zu fragen, wo die Sachen denn her wären, aß er mit gutem Appetit. Marcus schaute zu und freute sich, dass es Johannes so gut schmeckte.

Als alles aufgegessen war, sagte er: „Das waren meine Vorräte für die ganze Woche. Aber macht nichts. Hauptsache, es hat dir geschmeckt."

Das war Johannes aber nun doch peinlich. Er wurde ganz rot und entschuldigte sich. Da er aber nun richtig schön satt war, hatte er auch nicht so richtig ein schlechtes Gewissen. Und außerdem hatte Marcus es ihm ja schließlich gegeben. Also bitte!

Marcus schlug vor, dass sie zuerst zu seinem Vater gingen. Er wollte Johannes vorstellen und ihm alles erzählen. Danach wollten sie dann durch die Stadt schlendern und sich alles ansehen.

„Benimm dich ganz unauffällig. Bevor du irgendetwas machst, frage mich lieber erst. Es ist hier nicht ganz ungefährlich, besonders für zwei Kinder nicht, und die Wachen sind mit dem Einsperren schnell zur Hand. Und aus einem römischen Gefängnis kommt so leicht niemand lebend wieder raus", erklärte Marcus.

Johannes versprach, sich alles gut zu merken und alles so zu machen, wie es Marcus gesagt hatte.

Nun gingen sie los. Der Weg zum Amphitheater war doch etwas weiter. Endlich waren sie ganz in der Nähe und Marcus mahnte zur besonderen Vorsicht. Sie schlichen sich hinter die große Absperrmauer. Dort war ein schmaler Weg. Den mussten sie ganz schnell entlang gehen, denn hier hatten sie keinen Schutz. Dann kam das Schwierigste: sie mussten etwa zwanzig Meter über die Arena laufen und ein paar Stufen zum Keller runtergehen. Das war sehr gefährlich, weil sie da leicht gesehen werden konnten.

Marcus gab leise das Signal, und schon sausten die beiden los. Es dauerte nur ein paar Sekunden und niemand hatte sie entdeckt.

Nun schlichen sie sich durch die Kellergänge. Es war sehr nass und die Luft sehr stickig. Johannes konnte kaum atmen.

Nach vielen Windungen hielt Marcus an und schob vorsichtig einen Stein zur Seite. Durch ein ganz enges Loch schlüpften beide in eine Zelle. Es war die Zelle vom Gladiator Scipio, Marcus' Vater.

Der staunte nicht schlecht, als ihm sein Sohn Johannes vorstellte und ihm die Geschichte erzählte. Er wollte es zuerst gar nicht glauben. Als Johannes dann alles bestätigte guckte er zwar immer noch zweifelnd, sagte dann aber: „Seid beide bloß sehr vorsichtig und lasst euch nicht erwischen. Die Römer gehen mit Gefangenen nicht gerade zart um, wie ihr sehen könnt, und die Zellen sind ganz sicher keine Götterwohnungen. Ich kann euch nicht helfen."

Zur Bestätigung seiner Worte rasselte er mit den Ketten, mit denen er angeschmiedet war.

Die Zeit war um. Bald kamen die Wachen, und die zwei Jungen mussten bis dahin wieder verschwunden sein. Sie verabschiedeten sich also und machten sich auf den Rückweg. Dieser mussten genauso vorsichtig bewältigt werden. Es gelang ihnen, ungesehen nach draußen zukommen. Als sie wieder hinter der Mauer waren, hörte Johannes lautes Brüllen.

„Das sind die wilden Tiere, mit denen die Gladiatoren kämpfen müssen", erklärte Marcus und zeigte sie Johannes. Da waren Tiger und Löwen, Bären, Wölfe und sogar ein Alligator. Johannes bekam eine Gänsehaut, als er daran dachte, mit diesen Tieren kämpfen zu müssen. Tiere und Menschen taten ihm sehr leid. Aber so war es nun mal in der alten Römerzeit.

Nun mussten sie aber ganz schnell das Theater verlassen. Die Zeit war vorangeschritten, und die Wachen waren bei der Arbeit. Menschen und Tiere wurden gefüttert und alles wurde kontrolliert.

Als sie wieder in Sicherheit waren, fragte Johannes: „Dein Vater tut mir sehr Leid, Marcus. Wie oft musste er denn kämpfen, und ging es schon mal auf Leben und Tod?"

Marcus antwortete: „Mein Vater ist ein ganz besonderer Gladiator. Weil er so stark und gewandt ist und sehr fair kämpft, tritt er nur bei besonderen Anlässen auf. Etwa wenn der Kaiser hier ist oder andere hohe Persönlichkeiten. Dann werden immer ganz besondere Kämpfe veranstaltet. Mit seltenen und besonders wilden Tieren. Auf Leben und Tod geht es eigentlich immer dabei, aber den Todeskampf Mensch gegen Mensch brauchte er noch nicht zu machen. Ich habe große Angst davor. Denn nur einer wird dabei überleben."

Sie waren nun schon mitten in der Stadt. Johannes dachte darüber nach, was ihm Marcus erzählt hatte. Und plötzlich gefiel es ihm im alten Rom gar nicht mehr so gut. Die Sitten waren hier sehr grausam, und er hatte bei weitem noch nicht alles gesehen und gehört.

Sie waren an einem prächtigen und enorm großen Bau angelangt.

„Das ist die Palastaula, der Sitz des Kaisers, wenn er in Trier ist. Zurzeit ist Kaiser Konstantin hier, und da wird der Bau besonders gut bewacht. Da können wir nicht rein. Lass uns also weitergehen", sagte Marcus.

Johannes schaute sich den beeindruckenden Bau von außen genau an und machte sich eine Zeichnung und ein paar Notizen in sein Heft. Es war wirklich ein beeindruckendes Bauwerk.

„Was hast du denn da", fragte Marcus und zeigte auf den Kugelschreiber.

„Das ist ein Stift zum Schreiben. Darin ist eine kleine Hülse mit Tinte, und damit kann man ganz lange schreiben", erklärte Johannes seinem Freund. Der schaute ihn sich aufmerksam an. Aber so richtig verstehen konnte er es nicht. Viele Worte, die Johannes unbedacht benutze, waren ihm fremd. Aber er wollte auch nicht so viel fragen. Sonst dachte Johannes noch, er wäre dumm. Und das war er nun wirklich nicht. Nur, in seiner Zeit gab es die ganzen Dinge eben noch nicht.

Die beiden gingen weiter und erreichten ein weiteres prächtiges Bauwerk.

„Was für ein König wohnt denn in diesem Palast?", fragte Johannes.

Marcus lachte und antwortete: „Das ist kein Palast. Das sind Badehäuser, die Thermen. Die sind riesengroß, und man kann einen ganzen Tag darin verbringen. Darin sind Sportplätze, Warmbäder, Kaltbäder und Saunen. Du kannst dich massieren lassen und so richtig abschalten. Das alles können natürlich nur die freien Bürger der Stadt. Für Sklaven und Unfreie ist der Zutritt strengstens verboten. Du kannst im Sommer und auch im Winter reingehen. Es ist alles beheizt. Die Räume und Säle sind prachtvoll ausgestattet mit Marmor und Gold. Viele Sklaven müssen unter unmenschlichen Bedingungen für das Wohl der Bürger sorgen. Wenn ich einmal groß bin, möchte ich auch zu den Bürgern gehören. Aber am liebsten wäre es mir, ich könnte mit meinem Vater wieder zurück in unsere Heimat, nach Germanien, gehen. Mein

Vater hat mir viel davon erzählt. Es muss wunderschön dort sein."

Johannes hörte aufmerksam zu. Dass vieles so ungerecht im alten Rom war und dass es den Sklaven und unfreien Menschen so schlecht ging, das hatte er nicht gewusst. Er dachte, es war alles so wunderbar.

Aber wenn er sich so die Bauwerke ansah: dumm waren die Römer nicht. Es waren wirklich raffinierte Gänge und Anlagen, die sie da gebaut hatten. Johannes war beeindruckt. Von allem.

„Ein Freund von mir", so sagte Marcus, „arbeitet in den Thermen. Er sorgt mit vielen anderen dafür, dass alles sauber ist und funktioniert. Vielleicht haben wir Glück und sehen ihn. Dann lässt er uns rein, und du kannst dir alles ansehen. Aber sei vorsichtig und denke dran, was ich dir gesagt habe."

Johannes nickte und sie machten sich auf den Weg. Sie hatten Glück. Marcus' Freund leerte gerade einen Eimer aus, und sie gingen zu ihm. Nachdem sie ihm ihr Anliegen vorgetragen hatten, ließ er sie auch ein, ermahnte sie aber zur Vorsicht.

Nun hatte Johannes Gelegenheit, die richtigen Thermen von innen zu bestaunen. Und er staunte nicht schlecht. War das alles prächtig gebaut. Elfenbein und Marmor, Gold und Silber. Das mussten ja eine Unmenge gekostet haben. Und die Arbeit, die das alles gemacht hatte. Es gab richtige Wasserleitungen und ein Abwassersystem. Johannes staunte sehr. Er holte sein Notizblock hervor und zeichnete etwas ein. Dann entdeckte er, ganz weit oben an einer Wand, wo es dunkel war, zufällig ein paar Zeichen. Er nahm seine Ta-

Heimlich sahen sich Marcus und Johannes in den Thermen um.

schenlampe und die Lupe, um sie zu untersuchen. Das hätte er aber besser nicht tun sollen. Denn schon nach wenigen Augenblicken hörten sie Schritte. Die Wachen waren, durch das helle Licht der Taschenlampe, aufmerksam geworden und kamen näher.

„Nur schnell weg hier", rief Marcus.

Vor Schreck ließ Johannes seine Lupe fallen, und sie landete in einen kleinen Mauerspalt. Er rannte hinter Marcus her. Hoffentlich ging das gut.

Sie hatten Glück. Rechtzeitig konnten sie sich in einer Mauernische verbergen, so dass sie von den Wachen nicht gesehen wurden.

„Mensch, Johannes", flüsterte Marcus, „was habe ich dir gesagt? Das wäre um ein Haar schiefgegangen. Mach das bloß nicht noch mal."

Johannes war ganz verlegen.

„Entschuldige bitte, Marcus. Das kommt bestimmt nicht wieder vor. Versprochen. Nie wieder", sagte er.

Sie warteten noch einen Moment, bis wieder alles ganz ruhig war. Dann gingen sie zum Ausgang. Bald standen sie wieder in der hellen Sonne. Unschlüssig standen die beiden da, und Marcus überlegte, was er Johannes nun zeigen sollte. Es gab ja eigentlich so unendlich viel zu sehen im Trier der Römerzeit. Marcus dachte nach.

„Lass uns mal zum Fluss runtergehen", sagte er, „da ist immer was los. Mal sehen, was es heute so gibt. Und bis wir da sind, fällt mir bestimmt noch mehr ein."

Sie gingen los. Es war sehr warm und die Straßen, gerade in dieser Gegend, waren nicht so sehr belebt. Sie schlenderten ganz gemächlich, und Marcus erzählte Johannes viele

Dinge über sich und die Zeit, in der er lebte. Auch Johannes berichtete einiges. Das aber konnte Marcus oft nicht verstehen. Er fragte viel und Johannes erklärte, so gut er konnte. Trotzdem waren die Dinge für Marcus sehr schwer verständlich. Als sie auf die Raumfahrt zu sprechen kamen und Johannes sagte, dass auf dem Mond schon Menschen gewesen seien, tippte sich Marcus aber nun doch an die Stirn und sagte: „Da oben gibt es keine Menschen. Dort sind die Götter, und die werden es keinem Menschen gestatten, sie sie auch nur besuchen, geschweige denn, dort leben wollen. Nun spinnst du aber wirklich."

Johannes wollte es noch genauer erklären. Marcus war aber von seiner Göttertheorie nicht abzubringen, und so gab er dieses Thema auf.

„Schade, dass ich dich nicht in meine Zeit mitnehmen kann", dachte er, „da würdest du aber staunen."

Inzwischen waren sie an der Mosel angekommen. Hier herrschte wirklich reger Betrieb. Es gab sogar einen Hafen. Dort stand ein Hebebaum in einem Haus, fast so etwas wie ein Kran. Johannes konnte sich nicht vorstellen, wie er funktionierten. Elektrischen Strom gab es ja noch nicht. Es war kein Mensch zu sehen und sie bewegten sich doch.

Sie gingen ganz dicht heran, und Johannes schaute durch ein Fenster. Im Innern war ein riesengroßes Tretrad. Darin liefen Menschen wie Eichkätzchen in einem Laufrad. Dadurch wurde der Hebebaum bewegt, und die Schiffe konnten entladen werden. Es musste eine sehr schwere Arbeit sein, denn die Menschen schwitzen sehr und hatten stumpfsinnige Gesichter. Und immer wieder knallte die

Peitsche des Aufsehers auf einen der Rücken herunter. Johannes zuckte zusammen. Das war unmenschlich.

Bedrückt gingen sie weiter. Marcus fand das alles ganz normal und konnte nicht verstehen, dass Johannes das nicht gut fand. Ganz in Ordnung fand zwar auch Marcus die Sache nicht, aber was sollte man machen? Anders ging es ja nun einmal nicht. Und die Götter hatten eine Sorte Menschen zu Sklaven gemacht, die arbeiten mussten, und die andere Sorte Menschen waren eben die Herren. Richtig war es nicht, aber es war nun mal so. Die beiden bekamen Hunger.

„Wo kann man denn was zu essen bekommen?" fragte Johannes.

„Stimmt", sagte Marcus, „ich habe auch Hunger. Komm mit".

Sie gingen in die Innenstadt, in die Nähe des Marktes. Hier herrschte reges Treiben. Unentwegt kamen Fuhrwerke an und die Fuhrleute luden sie ab. Das alles wurde dann zum Verkauf angeboten. Es gab auch richtige Geschäfte: Bäckerläden, Friseurgeschäfte, Fleischereien und Gasthäuser.

Marcus steuerte auf einen Bäckerladen zu.

„Guten Tag, Ticus", sagte er zum Besitzer des Ladens, „gib uns bitte etwas zu essen. Dein Brot ist immer besonders gut, und wir haben großen Hunger. Wenn du noch eine Wurst dazu hättest, wären wir auch nicht böse."

Ticus sah die beiden erstaunt an und lächelte. Man sah es den beiden an, dass sie Hunger hatten. Er drehte sich um und suchte für die beiden ein großes Paket zusammen. Brot und Wurst und Gebäck. Das gab er ihnen und sagte: „Lasst es euch gut schmecken und wenn ihr Zeit habt, könnt ihr gerne mal vorbeikommen. Wir haben uns schon lange nicht mehr gesehen, Marcus", und leise fügte er hinzu, „wie geht es denn deinem Vater?"

„Ich lasse mich bald mal sehen, und Vater geht es gut", antwortete Marcus leise.

Marcus und Johannes machten sich auf den Weg, um einen ruhigen Platz zu finden, an dem sie in Ruhe essen konnten. Sie kamen am Marktbrunnen vorbei. Dort sprudelte frisches Wasser hervor. Daneben stand ein Krug, der niemandem zu gehören schien. Marcus sah sich verstohlen um, nahm dann den Krug und füllte ihn mit Wasser. Dann gingen sie weiter.

Endlich hatten sie ein schönes schattiges Plätzchen gefunden und wickelten das Esspaket aus. Es duftete herrlich, und den beiden lief das Wasser im Munde zusammen. Sie langten kräftig zu, und schon nach einer kurzen Weile war nichts mehr übrig. Satt und zufrieden legten sie sich lang und waren bald eingeschlafen.

Als sie wieder aufwachten, war es schon später Nachmittag. Sie bummelten noch durch die Stadt und sahen sich viele Dinge an. Johannes stellte viele Fragen. Dann wurde es aber Zeit, sich auf den Heimweg zu machen.

Bald waren sie zu Hause. Ihre Unterhaltung wurde immer stiller, und es dauerte nicht lange, da waren sie auf ihren Strohbetten eingeschlafen.

Der nächste Morgen brach an.

Sie wachten auf und schauten zur Tür hinaus. Die Sonne war nicht zu sehen. Schwarze Regenwolken zogen am Himmel entlang. Und da fielen auch schon die ersten Regentropfen schwer zur Erde. Kalt war es zwar nicht, aber ungemütlich und trübe. Marcus schlich bedrückt umher.

„Was hast du denn?", fragte Johannes, der auch nicht gerade strahlte, seinen Freund.

„Ich weiß auch nicht", antwortete Marcus, „ich habe so ein ungutes Gefühl. Warum, kann ich auch nicht sagen. Es ist nur so, als ob etwas Schlimmes bevorstünde. Das wird sicher nur das Wetter sein. Lass uns heute zuerst zu meinem Vater gehen. Vielleicht hat es dann aufgehört zu regnen, und wir können wieder was unternehmen."

Sie gingen los. Unterwegs redeten sie beide nicht viel. Als sie beim Amphitheater ankamen, gingen sie den gleichen geheimen Weg bis zur Zelle seines Vaters. Marcus schob den Stein zur Seite, und sie krochen hinein. Scipio lag bekümmert und traurig in seiner Ecke. Er machte ein finsteres Gesicht.

„Vater", rief Marcus erschrocken, „bist du etwa krank?" Scipio antwortete und seine Stimme zitterte dabei: „Nein, mein Junge, ich bin nicht krank. Aber ich muss morgen Mensch gegen Mensch auf Leben und Tod kämpfen. Du weißt, der Kaiser ist in der Stadt und hat hohen Besuch. Da wollen sie zur Unterhaltung der Gäste einen besonderen Kampf veranstalten. Und so wird morgen Nachmittag der unglückselige Kampf stattfinden. Ich weiß nicht, gegen wen ich kämpfen muss, das sagt man uns ja nicht, aber egal, wer es auch sei, der Kampf wird auf jeden Fall für einen von uns tödlich enden. Ich will und kann aber keinen Menschen töten. Das ist grausam. Und noch zumal, wenn es der Unterhaltung anderer Menschen dienen soll. Ich weiß nicht, was ich machen soll. Und besonders um dich, mein lieber Junge, mache ich mir große Sorgen. Ich muss den Kampf, so oder so gewinnen, sonst bist du ganz alleine auf der Welt."

Marcus war ganz blass geworden. Hatten sich doch seine schlimmen Vorahnungen bestätigt. Tränen kullerten aus seinen Augen. Er wischte sie aber schnell weg, lächelte und sagte tapfer zu seinem Vater: „Mach dir keine Sorgen, Vater. Auch nicht um mich. Ich werde schon durchkommen, und eines Tages gehe ich in unsere Heimat, von der du mir so viel erzählt hast. Dort ist es ganz sicher schöner. Kämpfe du morgen so, wie du musst. Es wird schon alles gut ausgehen."

Dann verabschiedeten sie sich voneinander und gingen wieder zurück. Sie sagten beide kein Wort. Johannes wusste auch nicht, was er sagen sollte. Es waren grausame Zeiten, in denen Marcus lebte, und Johannes wollte eigentlich so schnell wie möglich wieder in seine Zeit zurück. Aber er konnte doch jetzt nicht seinen Freund im Stich lassen! Der würde ihn bestimmt brauchen, und vielleicht konnte Johannes ja auch irgendwie helfen.

Sie liefen mit traurigen Gesichtern durch die Straßen. An Besichtigungen hatten beide heute kein Interesse. Ihr Gespräch drehte sich nur um den bevorstehenden Kampf. Keiner von beiden wusste einen Ausweg. Das Wetter wurde auch nicht besser, und so verging der Tag.

Von Ticus holten sie sich etwas zu essen, und Marcus erzählte die traurige Geschichte. Auch Ticus wusste keinen Ausweg.

So gingen die beiden Jungen nach Hause und legten sich auf ihre Strohlager. Der Schlaf aber wollte heute nicht kommen. Sie überlegten und überlegten. Aber keinen von beiden fiel eine brauchbare Idee ein. Sein Vater und er, sie waren beide ihrem Schicksal ausgeliefert. Marcus betete zu den

Göttern, dass sie seinen Vater gewinnen lassen mögen. So richtig glaubte er zwar nicht daran, aber wer weiß, vielleicht half es ja doch.

Endlich fielen beide in einen unruhigen Schlaf. Marcus und Johannes schreckten immer wieder hoch und waren schweißgebadet. Marcus fürchtete sich vor den kommenden Tag, und unruhige Träume verfolgten ihn die ganze Nacht.

Endlich brach der Morgen an. Sie hatten beide nur sehr wenig geschlafen, und ihre Stimmung war auch nicht besser geworden. Wie sollte sie auch? Der Regen hatte zwar aufgehört, aber die Sonne war noch immer hinter den Wolken verborgen.

Sie verbrachten den Vormittag zu Hause. Plötzlich wurde es im Raum ganz hell. Die Sonne kam hervor und schickte einen ihrer schönsten Strahlen ins Zimmer. Und der fiel genau auf das Bild von seinem Vater. Er hatte es vor längerer Zeit gemalt und in dem Raum an die Wand gehängt. Dort hing es nun und wurde vom Sonnenstrahl ganz hell angestrahlt.

Marcus nahm es als ein gutes Zeichen der Götter und freute sich. Und auch Johannes sein Gesicht hellte sich auf.

„Es wird schon alles gut gehen", sagte er zu Marcus. Er überlegte einen Moment und sprach: „Lass uns ins Amphitheater gehen. Wir wollen beim Kampf dabei sein. Wir können im Moment zwar nichts für deinen Vater tun, aber möglicherweise haben wir doch die Gelegenheit zu helfen oder irgendetwas zu unternehmen." „Du hast Recht", antwortete Marcus.

Und so machten sie sich auf den Weg. Ihre Stimmung war viel besser, weil sie etwas vorhatten. Sie wussten zwar noch nicht was, aber sie wollten, wenn es nur irgendwie ginge, helfen. Und diese Idee erfüllte sie mit Hoffnung und Zuversicht. Marcus lächelte sogar: er hatte seinen Freund dabei. Und der würde ihnen bestimmt helfen. Da war er sicher. Gemeinsam waren sie stark.

Als sie in die Nähe des Theaters kamen, begegneten ihnen immer mehr Menschen. Alle strömten ins Theater und wollten den Kampf sehen. Nach einer Weile waren alle Plätze besetzt. Alles war voll. Nur die Loge des Kaisers war noch unbesetzt.

Marcus und Johannes suchten sich eine sichere Stelle, von wo aus sie niemand sah, sie selbst aber alles gut überblicken konnten. Das war gar nicht so einfach. Es gelang ihnen aber doch.

Da ertönten plötzlich Posaunen, und das Stimmengewirr ebbte ab. Es wurde ganz still und alle erhoben sich von ihren Plätzen. Der Kaiser mit seinem Gefolge betrat die Loge.

„Lang lebe der Kaiser", riefen alle, „und die Götter mögen ihn beschützen."

In dieses Rufen stimmten die beiden Jungen aus guten Gründen natürlich nicht mit ein. Sie verhielten sich ganz still und beobachteten alles ganz genau.

Nun wurden die Kämpfe angekündigt. Zuerst ein paar Vorkämpfe. Wilde Tiere kämpften gegeneinander. Das war grausam. Sie hatten vorher nichts zu fressen bekommen und waren nun besonders wild. Dann kämpften die Gladiatoren mit den wilden Tieren. Johannes konnte gar nicht hinschauen. So grausam war das Treiben. Die Zuschauer aber waren begeistert.

Und dann wurde der Hauptkampf angesagt: Der tapfere Gladiator Scipio gegen einen anderen Gladiator. Den Namen konnten die Jungen nicht verstehen. Die Menschen jubelten und klatschten kräftig Beifall. Das konnte Johannes absolut nicht verstehen: wie konnte man sich nur über so etwas Grausames so freuen? Er konnte aber seine Gedanken nicht länger abschweifen lassen. Denn nun ging es los.

Marcus' Vater und sein Gegner betraten die Arena. Der eine hatte ein Netz und einen Dreizack bei sich. Der andere trug ein Schwert und einen Schild. Sie verneigten sich vor dem Kaiser und seinen Gästen, die Posaunen und Fanfaren erschallten erneut, und der Kampf begann.

Sie umschlichen und belauerten sich gegenseitig. Immer wieder versuchte Scipio, den Gegner mit dem Netz zu fangen. Es gelang ihm aber nicht. Nun kämpfte er mit dem Dreizack. Dabei wurde sein Gegner am Arm und am Bein verletzt. Dessen Gesicht war vor Schmerz ganz verzerrt. Er schlug mit dem Schwert wie von Sinnen auf seinen Gegner ein. Es knallte und dröhnte durch die ganze Arena. Bei jedem Treffer schrien die Zuschauer auf.

Die beiden Jungen waren furchtbar aufgeregt. Sie waren blass und sagten kein Wort. Beide drückten sie Marcus' Vater die Daumen, und Marcus betete schnell noch zu den Göttern.

Da geschah es: Scipio fiel plötzlich auf den Rücken. Er blutete aus der Schulter und am Kopf und bewegte sich nicht mehr. Der Kampf war zu Ende. Marcus' Vater, der Gladiator Scipio, hatte verloren und lag regungslos in der Arena. Das Volk jubelte dem Sieger zu. „Vater, Vater!" schrie Marcus.

Zum Glück hatte ihn niemand gehört. Dann sahen sie, wie sein Vater aus der Arena geschleift wurde. Sie standen beide ratlos da.

War Scipio wirklich tödlich verletzt worden?

Das Amphitheater leerte sich wieder langsam. Es war vorbei. Die Jungen hörten, wie sich die Zuschauer über den Kampf unterhielten. Johannes hätte sie am liebsten angeschrien, hielt sich aber zurück. Er kümmerte sich um seinen Freund. Dem liefen dicke Tränen über die Wangen.

„Ich möchte meinen Vater sehen", sagte er, „wir warten noch etwas, bis sich alles beruhigt hat, und dann lass uns zu dem Platz gehen, wo die gefallenen Gladiatoren nach dem Kampf hingebracht werden."

Johannes war einverstanden und versuchte Marcus, so gut es ging, zu trösten.

Nun war alles vorbei und das Theater lag still und verlassen da. So, als ob nichts geschehen wäre.

Die beiden schlichen sich zu der Stelle, an der die toten Gladiatoren solange abgelegt wurden, bis sie auf einem Karren abtransportiert wurden.

Da lag er, der tote Gladiator Scipio, Marcus' Vater. Johannes beugte sich über ihn und wollte so die schlimmsten Wunden verdecken.

Plötzlich schrie er und vergaß dabei alle Vorsicht: „Marcus, Mensch, dein Vater ist nicht tot, er lebt, er atmet. Was nun? Er musste sofort hier weg. Bevor die Wachen kommen und ihn holen wollen. Dahinten liegt ein Sack. Den stopfen wir voller Steine. Dann denken sie, dein Vater wäre darin, nehmen ihn mit und alles ist bestens. Schnell, hilf mit."

So geschah es. Marcus" Vater legten sie auf einen kleinen Karren, der ganz in der Nähe stand. Sie deckten ihn zu, und es sah aus, als ob sie ein totes Tier wegbringen würden. Sie taten alles ganz ruhig, aber doch schnell. Jeden Moment konnten die Wachen kommen.

Sie brachten ihn zu Marcus nach Hause.

Dort legten sie ihn auf das Strohlager, wuschen ihm das Blut ab und gaben ihm vom kühlen Wasser zu trinken. Auf einem Mal schlug Scipio die Augen auf. Er wusste nicht, was geschehen war und wo er sich befand. Da sah er seinen Sohn und Johannes. Er lächelte.

Was war aber in der Arena, beim Kampf, geschehen? Scipio wehrte sich, so gut er konnte. Er überlegte: er durfte nicht getötet werden. Aber auch er wollte niemanden töten. Er sah noch keinen Ausweg. Plötzlich trat er mit dem Fuß in ein kleines Loch. Er stolperte rückwärts, fiel hin und schlug mit dem Hinterkopf auf einen Stein. Er merkte noch, wie er an der Schulter getroffen wurde, dann wurde er bewusstlos. Alle dachten, er sei tot und der Kampf war beendet. Er, Scipio, war zwar nicht der Sieger, aber er lebte und hatte niemanden getötet. Und nur das zählte.

Nun lag er im Zimmer seines Sohnes. Es war später Abend, und er war vom Kampf und von der Verletzung sehr erschöpft. Er schlief bald ein. Marcus weinte vor Freude und konnte das alles noch gar nicht fassen. War es wirklich wahr? Lebte sein Vater und war frei? Er kniff sich in den Arm. Das tat weh. Also war alles Wirklichkeit. Die beiden Jungen beschlossen, morgen einen Plan zu machen. Heute waren sie zu müde. Sie legten sich hin und Johannes schlief rasch ein.

Marcus konnte noch lange nicht schlafen. Er war so glücklich, dass alles so gut verlaufen war. Nun würde auch alles andere gut werden.

Und endlich schlief auch er ein.

Am nächsten Morgen wachten sie auf. Die Jungen kümmerten sich um Marcus' Vater. Der war vom guten Schlaf sehr erfrischt und gekräftigt. Er lächelte sie beide an. Alle waren froh, dass er lebte.

Nun beratschlagten sie, was zu tun sei.

In der Stadt konnten sie unmöglich bleiben. Da wären sie bald entdeckt worden. In dem grausamen Römerreich wollten sie auch nicht bleiben. Sie waren freie Menschen und hatten gemeinsam noch viel vor. So wurde also beschlossen, dass Marcus und sein Vater in ihre Heimat Germanien zurückkehren sollten. Scipio musste zwar noch etwas zu Kräften kommen, aber in zwei bis drei Tagen konnten sie aufbrechen.

In dieser Zeit besorgten sie Lebensmittel. Dabei halfen ihnen ihre Freunde, und Johannes sah und lernte eine ganze Menge dabei.

Nun war der Tag gekommen, an dem sie aufbrechen wollten. Noch als es dunkel war, ganz früh am Morgen, machten sie sich auf den Weg.

Johannes begleitete sie bis an die Stadtmauer. Im Schutze der Dunkelheit überwanden sie diese und waren nun richtig frei. Sie liefen ohne Pause, bis sie im dichten Wald waren. Nun waren sie in Sicherheit.

Als es anfing, hell zu werden, verabschiedete sich Johannes von Marcus und seinem Vater. Er wünschte den beiden viel Glück und alles Gute. Sie sollten ab und zu mal an ihn denken.

„Das werden wir bestimmt, dich werden wir nie vergessen", sagten sie.

Dann brachen sie auf. Johannes schaute ihnen nach, bis sie nicht mehr zu sehen waren. Sie hatten einen weiten und gefahrvollen Weg vor sich.

Johannes verabschiedetet sich von Marcus und seinem Vater.

Nun war er allein. Es war noch früh am Morgen und die Sonne schien.

„Was nun", dachte Johannes, „wie komme ich nun wieder zurück. Das war ja ein verrücktes Abenteuer. Nur gut, dass alles so gut abgelaufen ist. Das hätte schlimmer kommen können. Nun muss ich mir ganz fest wünschen, in meiner Zeit zu sein. Hoffentlich klappt es."

Er setzte sich hin und schloss die Augen. Dann dachte er an seine Zeit und wünschte sich zurück.

Es wurde still um ihn herum. Die Sonne verschleierte sich und es rauschte, als wenn der Wind durch die Blätter der Bäume wehen würde.

Dann wurde wieder alles hell und klar. Er öffnete die Augen und sah vor sich seinen Onkel, Tante Eva und Sven.

„Wir dachten schon, du wärst eingeschlafen", sagte sein Onkel, „nun aber los. Wir wollen doch noch so viel sehen."

Johannes zupfte seinen Onkel am Arm: „Warte mal, Onkel Horst, mir ist da wieder etwas Seltsames geschehen. Ich weiß jetzt über die Römerzeit bestens Bescheid. Glaubst du mir? Es war ein tolles Erlebnis, und ich werde dir davon erzählen, wenn wir Zeit haben."

Sein Onkel wusste sofort, was geschehen war und sagte: „Na, dann kannst du uns ja alles bestens erklären. Aber sag besser niemandem etwas davon. Du weißt: die Menschen sind manchmal sehr ungläubig."

Schnell hatten sie die anderen wieder eingeholt. Nun schauten sie sich alles in Ruhe an, und Johannes erkannte vieles wieder.

Auf dem Rückweg zum Hotel kamen sie an den Thermen vorbei.

„Das schaffen wir heute auch noch", sagte seine Tante, „es ist ja noch früher Nachmittag, und die Thermen sind sicher auch sehr interessant."

„Das sind sie ganz bestimmt", antwortete Johannes, lächelte und blinzelte seinem Onkel zu.

So gingen sie also durch die heute zerfallenen, aber noch gut erkennbaren Anlagen.

An einer Stelle blieb Johannes stehen. Er schaute nach oben und betastete die Wand. Es war dunkel. Plötzlich fühlte er sie. Richtig: da lag seine Lupe, die er beim Rundgang mit Marcus verloren hatte, weil sie so schnell weg mussten.

Er zeigte sie seinem Onkel. Und der staunte nicht schlecht.

Dann putzte er sie und steckte sie in die Tasche.

Nun war es für heute aber wirklich genug. Allen taten schon die Füße weh, und sie gingen ins Hotel zurück.

Nach einem ausgiebigen Abendbrot machten sie sich bereit, um ins Bett zu gehen.

Johannes konnte lange nicht einschlafen. Er dachte über seine Erlebnisse nach. Wie würde es wohl Marcus und seinem Vater gehen? Bestimmt waren sie gut und sicher in ihre Heimat zurückgekehrt. Was sie jetzt wohl taten?

Er hatte viel erlebt, und die Woche war noch lang. Sie würden sich noch vieles anschauen. Er freute sich auf die kommenden Tage mit Tante Eva, Onkel Horst und Sven. Was würde noch alles geschehen? Warteten noch mehr Abenteuer auf ihn?

Ganz gewiss. Das ganze Leben war ein Abenteuer. Und mit einem zufriedenen Lächeln schlief Johannes ein.

Der einsame Lokomotivführer

Vor vielen Jahren lebte in einer kleinen Stadt ein junger Mann. Er hatte gerade die Schule beendet und ein sehr gutes Zeugnis erhalten, als er sich fragte: Was soll ich denn nun mal werden?

Eigentlich brauchte er sich diese Frage gar nicht zu stellen, denn schon lange stand für ihn fest, dass er Lokomotivführer werden wollte. Vor einigen Jahren, er war gerade zur Schule gekommen und hatte die ersten großen Ferien, stand er mit seinen Eltern auf den Bahnhof seiner Heimatstadt, um in den Urlaub zu fahren. Er war etwas enttäuscht, weil er nicht, wie so viele seiner Klassenkameraden, mit dem Auto in den Urlaub fahren konnte. Das lag daran, dass sie gar kein Auto hatten. Sein Vater war der Meinung, dass man auch mit dem Zug ganz bequem überall hinkommen würde. Deshalb stand er nun mit seinen Eltern auf dem Bahnsteig und erwartete ziemlich gelangweilt den Zug.

Er war ja schon öfter mit dem Zug gefahren. Aber heute war doch alles ein bisschen anders als sonst. Es fing schon mit dem Geruch auf dem Bahnsteig an. Es roch irgendwie nach Ferne, nach Abenteuer, eben nach Urlaub. Und dann, als er noch so in Gedanken war, fuhr der Zug ein. Es war ein Personenzug mit vielen Hängern. Der Dampf der Lok war schon von weitem zu erkennen, und gerade als der Zug in den Bahnhof einfuhr, ertönte ein lautes Signal der Lok. Der Junge, wir wollen nun auch seinen Namen erfahren, hieß

Johannes und war bei dem lauten Pfiff der Lok doch etwas erschrocken. Da fuhr die Lok auch schon an ihm vorbei. Ganz langsam und Johannes staunte über die ganze Lok. Es roch alles nach Dampf, Fett und eigentlich nach richtig weiter Ferne. Johannes riss Mund und Augen auf. So nah und in allen Einzelheiten hatte er noch nie eine Lok gesehen. Und dann winkte ihm auch noch der Lokführer, der aus dem Fenster sah, zu. So ein riesiges Ding mit so viel Kraft zu beherrschen, das war es, was Johannes von diesem Augenblick an wollte. Er sprach mit niemandem darüber. Aber für den Jungen stand fest: Ich werde Lokomotivführer.

Nun endlich stand der Zug still, und alle Leute stiegen ein und aus. Bald hatten auch Johannes und seine Eltern ihre Plätze gefunden, und die Reise konnte beginnen. Es wurde ein schöner Urlaub.

So vergingen die Jahre. Es gab so viele aufregende Erlebnisse und Johannes machte viele Erfahrungen. Gute und auch weniger gute. Manchmal war er traurig, aber meistens doch froh, und seinen Traum, einmal ein Lokomotivführer zu werden, gab Johannes nie auf.

Nun war es also soweit. Die Schule war beendet, und Johannes begann eine Ausbildung zum Lokomotivführer. Das dauerte wieder ein paar Jahre. Aber da es Johannes großen Spaß machte, und er der Beste unter allen Lehrlingen war, verging die Zeit wie im Fluge.

Endlich war auch die Lehrzeit beendet. Johannes bekam sein Zeugnis, und er war ein richtiger Lokomotivführer. Die Arbeit machte ihm großen Spaß. Gerne spannte er seine Lok vor lange Güterzüge und fuhr die unterschiedlichsten Sachen in ferne Städte. Sand, Stahl, Gas, Holz und noch vieles mehr schleppte Johannes seine Lok. Der Heizer musste oftmals ganz ordentlich heizen, denn die Last, die zu ziehen war, war schwer. Und dann brauchte die Lok besonders viel Dampf.

Am liebsten fuhr Johannes aber Personenzüge. Die meisten Menschen machten ein fröhliches oder aufgeregtes Gesicht, wenn Johannes mit seinem Zug in den Bahnhof einfuhr. Aufgeregt waren sie aber immer. Manche hatten so viele Koffer und Taschen dabei und hatten Sorge, es würde ihnen etwas abhandenkommen. Aber erst die Kinder. Das war die größte Freude für Johannes. Die Kinder standen staunend am Bahnsteig und hatten so viele Fragen an ihre Eltern. Sie waren immer so aufgeregt und wollten alles wissen. Wie dies oder das funktioniert, warum dies so ist und nicht anders. Manchmal wollten sie auch zu Johannes auf die Lok, um sich alles ansehen. Das durfte Johannes aber nicht erlauben. Aber manchmal, wenn gerade niemand hinschaute, hob Johannes ein Kind auf seine Lok und zeigte ihm den Führerstand. Und dann durfte es auch mal an der Dampfpfeife ziehen. Das gab dann immer ein lautes Schreien. Ja, die Kinder hatten es unserem Johannes besonders angetan und waren seine größte Freude.

Eines Tages lernte Johannes ein schönes Mädchen kennen. Er lud sie an seinen freien Tagen zum Kino ein oder in ein Café. Nach einer Weile hatten die beiden sich ineinander so verliebt, dass sie beschlossen, zu heiraten. Johannes bekam Urlaub. Dann wurde geheiratet. Die Hochzeitsreise machten sie natürlich mit seinem Zug. Am liebsten hätte Johannes dabei auch noch die Lok selber gefahren. Aber das erlaubte seine Frau dann doch nicht.

Stolz zeigte Johannes den Kindern seine Dampflok.

So vergingen wieder die Jahre. Johannes fuhr weiter mit großer Leidenschaft seine Züge und freute sich immer, wenn Kinder in den Waggons saßen. Kinder waren nach wie vor seine liebsten Passagiere. Am liebsten hätte er ja schon mal sein eigenes Kind mit auf seine Lok genommen. Aber Johannes hatte noch immer keine eigenen Kinder. Und darüber war Johannes sehr traurig. Er fragte oft seine Frau, wann sie denn nun bald eigene Kinder bekommen würden. Aber die wusste es auch nicht. Mit denen wollte er dann so richtig viel unternehmen und ihnen alles zeigen und erklären. Und vor allem wollte er ihnen seine Lok zeigen. Immerzu hätten sie an der Dampfpfeife ziehen und noch so einige andere Dinge machen können. Aber so viel er auch wartete, eigene Kinder wollten sich nicht einstellen.

Und so verging wieder ein Jahr nach dem anderen. Johannes wurde zuerst sehr traurig darüber, dass er keine Kinder hatte. Oftmals saß er traurig am Tisch und sprach nicht viel. Seine Frau vermochte auch nicht ihn aufzuheitern. Er wurde immer ruhiger und trauriger. Aber er wartete geduldig weiter. Als sich aber nach Jahr und Tag immer noch keine Kinder einstellen wollten, war er bald nicht mehr nur traurig, sondern er wurde richtig böse. Am Anfang war er nur mit seiner Frau böse. Er schrie sie an und schlug sie bald auch schon mal. Zu seinen Fahrgästen war er unhöflich und böse. Als seine Vorgesetzten davon erfuhren, drohten sie ihm damit, dass er seine Lok nicht mehr fahren dürfte. Das macht ihn nur noch böser. Besonders die Kinder hatten darunter zu leiden. Er schrie sie an, wenn sie zu viel fragten, oder er schubste sie einfach zur Seite. Mit der Zeit bekamen die Kinder und auch die Erwachsenen richtig Angst vor Johannes. Der ging aber mit einem bösen Gesicht umher und sprach mit keinen Menschen ein liebes Wort. Oft ging er nach Feierabend nicht mal mehr nach Hause, sondern schlief auf seiner Lok.

So blieb es nicht aus, dass alle Menschen um Johannes einen großen Bogen machten und mit ihm nichts zu tun haben wollten. Johannes wurde ein sehr trauriger, einsamer und böser Mensch.

Im Frühling oder Sommer, wenn alles blühte und grünte, ging es ja an manchen Tagen mit dem Johannes. Wenn die Sonne schien und er seine Lok vor einen Güterzug gespannt hatte, Personenzüge wollte er schon lange nicht mehr fahren, weil dann zu viele Kinder mitfuhren, und diese immer so laut waren und schrien. Und wenn dieser Güterzug mit den schweren Lasten von Ort zu Ort zog, war es ihm manchmal, als ob er seine Sorgen mitziehen lassen konnte. Das ging natürlich nicht, und so war Johannes zum Feierabend wieder genauso böse wie immer. Besonders schlimm aber war es im Herbst oder im Winter. Je trüber die Tage wurden, desto trüber und noch böser wurde Johannes. Nichts und niemand konnte ihn auch nur etwas aufheitern.

So war es auch jetzt wieder. Wir hatten den Monat Dezember, und bisher war der Dezember nur nass, kalt und grau gewesen. Aller Niederschlag fiel als Regen, und die ganze Welt schien in Matsch und Modder versinken zu wollen. Johannes seine Laune war auf den Nullpunkt gesunken, und er war so böse wie niemals zuvor. Sogar seine Frau hatte er wieder einmal geschlagen, und so beschloss sie insgeheim, in eine andere Stadt zu ziehen und nicht mehr bei Johannes bleiben zu wollen.

Am 24. Dezember, den Heiligen Abend, hatte sich Johannes freiwillig zum Dienst gemeldet. Er wollte nicht zu Hause bleiben, wollte auch keinen Weihnachtsbaum sehen. All dies machte ihn nur noch trauriger und böser. Und so ging er, tief in Gedanken versunken, zum Lokschuppen, um seine Lok für die Fahrt fertig zu machen. Seine Lok war die einzige, die von ihm noch Aufmerksamkeit bekam. Nachdem er alles vorbereitet hatte, musste er nun aber bald losfahren, wenn er pünktlich an allen Bahnhöfen ankommen wollte. Aber sein Heizer war noch immer nicht gekommen. Ungeduldig und mit bösen Gedanken wartete er auf ihn. Da kam plötzlich ein Bahnbeamter und teilte Johannes mit, dass der Heizer krank sei und nicht kommen würde. Darüber war Johannes natürlich sehr böse und schmiss mit einem Stück Kohle nach dem Überbringer der Nachricht. Und der konnte doch nun gar nichts dafür. Da aber kein anderer Heizer zur Verfügung stand, beschloss Johannes alleine zu fahren. Das war natürlich sehr schwer, denn er musste den Kessel alleine heizen, die Temperatur überwachen, die Strecke und alle Signale beobachten und die ganze Lok alleine bedienen. Im Grunde war es für Johannes kein Problem. Dafür war er ein viel zu guter Lokführer. Aber er war sehr böse und wollte es den anderen schon zeigen.

So heizte Johannes also den Kessel, gab Dampf und fuhr zum Bahnhof. Wie staunte er aber, als er nicht einen einzigen Fahrgast am Bahnsteig sah. Wo waren die denn alle? Wollte denn heute keiner verreisen? Das hatte er ja noch nie erlebt. Na gut. Wenn keiner mitfahren wollte, würde er eben alleine fahren. Das war ihm sowieso lieber als diese vielen Menschen mit ihren freundlichen und erwartungsfrohen Gesichtern. Pünktlich gab er also Dampf und fuhr los.

Als er nun unterwegs war, fing es an zu schneien. Er langsam und in kleinen Flocken, dann aber immer stärker, und die Flocken waren groß und fielen dicht. Immer mehr und immer dichter fiel der Schnee, und Johannes konnte kaum noch etwas erkennen. Zum Glück kannte er die Strecke genau und wusste, wann ein Signal kam. Trotzdem musste er immer langsamer fahren, denn die Sicht wurde immer schlechter. Nach einer Weile waren die Gleise aber so tief eingeschneit und die Sicht so schlecht, dass Johannes nicht mehr weiter fahren konnte. Er schaffte es gerade noch bis zu einem Nebengleis. Hier zeigte das Signal rot, und Johannes konnte mit seiner Lok nicht mehr weiterfahren. Er musste einfach stehen bleiben. Zum Glück war es auf seiner Lok warm. Als er aus dem Fenster blickte, sah er das einsame Bahnwärterhäuschen an der Strecke. Er kannte es genau, denn er war ja schon oft daran vorbeigefahren.

Aber das war ja heute doch sehr komisch. Alle Sicht war durch den dichten Schneefall verdeckt. Nur das kleine Häuschen konnte er gut sehen, und vor allem sah er durch die hell erleuchteten Fenster, was sich in der Stube abspielte. Und ob Johannes nun wollte oder nicht, sein Blick wurde wie magisch von dem großen und hell erleuchteten Fenster angezogen. Er wollte das alles gar nicht sehen, aber er schaute doch genau hin.

Und plötzlich sprang ein kleiner Funke, ein winziges Stückchen Glut, aus dem Feuerloch, und Johannes wollte es gerade austreten, als es, wie weggezaubert, sich in nichts auflöste. Johannes schaute noch gebannter zum Fenster des Häuschens. Und plötzlich wurde es ihm ganz warm um sein Herz, so warm als wäre der kleine Funke in sein Herz eingedrungen. Aber nicht nur dies machte sein Herz so warm, sondern auch das, was er durch das Fenster sehen konnte. Er wusste, dass die Bahnwärtersleute nicht viel Geld hatten und für alles, was sie kaufen wollten, lange sparen mussten. Außerdem hatten sie noch drei Kinder. Zwei Jungen und ein kleines Mädchen. Johannes hatte sie oft an den Gleisen spielen sehen und ihnen früher fröhlich zugewunken. Nun aber schon lange nicht mehr. Johannes beneidete den Bahnwärter wegen seiner drei Kinder. Und je älter und hübscher sie wurden, desto mehr beneidete er den Bahnwärter und hasste die Kinder.

Da saßen die Eltern mit ihren Kindern um einen reich gedeckten Tisch. Auf dem Tisch standen ein knuspriger Gänsebraten und große Schüsseln mit Kartoffeln und Rotkohl. Johannes hatte schon lange nichts mehr gegessen und sein Magen knurrte bei dem Anblick ganz schön doll. Bevor die Leute aber mit dem Essen anfingen, sangen sie alle gemeinsam wunderschöne Weihnachtslieder. Sie hielten sich dabei an den Händen und sahen sich mit strahlenden Augen an. Dann tat die Mutter jedem seine Portion auf den Teller und sie begannen zu essen.

Danach gingen die Kinder raus in den Schnee und bauten einen großen Schneemann. Nach einer Weile rief der Vater sie aber wieder ins Haus und Johannes sah, wie im Zimmer ein wunderschön geschmückter Weihnachtsbaum in seinem Lichterglanz erstrahlte. Die Kinder sangen noch einmal die frohen Weihnachtslieder, und dann bekam jedes Kind seine Geschenke. Dabei war ein Puppenhaus mit Puppen für das Mädchen. Ein kleiner Bauernhof mit Tieren, Pferd und Wagen für den kleineren Jungen. Und für den Großen gab es eine ganze Ritterschar zu Pferd. Dazu gab es für jedes Kind noch ein schönes Buch und einen bunten Teller gefüllt mit Nüssen, Honigkuchen und anderen Süßigkeiten. Dazu brannte in einem Kamin ein lustiges Feuer und strahlte gemütliche Wärme aus. Alle fassten sich an den Händen, sangen ein Lied und waren sehr froh und glücklich.

Johannes wurde ganz warm ums Herz, und er wünschte sich nichts sehnlicher, als dass er bei dieser Weihnachtsfeier dabei sein könnte. Da öffnete sich plötzlich die Tür des Hauses und der Bahnwärter trat mit einem Teller und einer Kanne hinaus. Er ging zur Lok und gab Johannes einen großen Teller mit Kuchen und eine Kanne Kaffee. Dann wünschte er ihm frohe Weihnachten und ging wieder ins Haus.

Johannes aber konnte das alles nicht fassen. Hatten ihm die Menschen wirklich Kaffee und Kuchen gebracht und ihm frohe Weihnachten gewünscht. Das war alles so unglaublich schön gewesen, und Johannes verstand plötzlich, was er alles durch seine Bosheit versäumt und verpasst hatte. Er beschloss, ab sofort nicht mehr böse zu sein. Egal ob mit oder ohne Kinder. Er wollte ab sofort, so wie früher, freundlich, nett und hilfsbereit zu jedermann zu sein. Jawohl, das wollte er sein. Und als er an seine Frau dachte, musste er sogar weinen. Welches Unrecht hatte er ihr zugefügt. Wie gemein und böse war er zu ihr gewesen. Und dabei hatte sie doch immer zu ihm gehalten.

Plötzlich hörte es auch auf zu schneien und das Signal schaltete auf grün. Johannes gab ordentlich Dampf und fuhr so schnell er konnte nach Hause. Dort brachte er seine Lok in den Lokschuppen, gab ihr zur Weihnachtsfeier einen extra großen Schluck Öl, schloss die Tür ab und machte sich auf den Heimweg.

Unterwegs fand er noch offene Geschäfte und kaufte für seine Frau eine wunderschöne Kette und, da sie immer so leicht fror, einen schönen warmen Schal und extra dicke Handschuhe. Dann machte er sich auf den Weg nach Hause. Dabei war es ihm doch nicht so ganz leicht ums Herz. Was würde seine Frau dazu sagen?

Endlich kam er zu Hause an. Ganz leise öffnete er die Tür und sah im Flur zwei gepackte Koffer stehen. Er ahnte, was das zu bedeuten hatte. Seine Frau wollte ihn verlassen. Da öffnete er vorsichtig die Wohnzimmertüre und sah ins Zimmer. Da sah er seine Frau mit einem Mantel bekleidet im Wohnzimmer. Der Tisch war mit Essen gedeckt und an der Wand stand ein kleiner, aber wunderschön geschmückter Weihnachtsbaum. Er ging zu seiner Frau und umarmte sie. Sie verstand. Dann gab er ihr die Geschenke und ihr Gesicht zeigte ein wunderbares Glänzen.

Dann sagte sie zu ihm: „Ich habe zwar keine Geschenke für dich, aber eines muss ich dir sagen und vielleicht ist es doch ein Geschenk für dich. Wir werden am nächsten Weihnachtsfest nicht mehr allein sein, sondern ein Kind wird an unserer Seite sein. Ich bekomme ein Baby."

Glücklich nahm Johannes sie in seine Arme. Ein schöneres Weihnachtsgeschenk hatte sie ihm nicht machen können. Nun war wieder alles in Ordnung. Johannes freute sich auf das Baby und war der glücklichste Mensch der Welt.

Glücklich war Johannes am Weihnachtsabend wieder zu Hause. Bald würden sie zu dritt sein.

Zwei Geschichten von Laternen

Die alte Straßenlaterne

Kinder, habt ihr schon mal die Geschichte von der alten Straßenlaterne gehört? Sie ist eigentlich gar nicht so außerordentlich lustig, aber man kann sie immerhin einmal anhören.

Es war einmal eine brave alte Straßenlaterne, die viele, viele Jahre hindurch ihren Dienst versehen hatte. Nun war diese Straßenlaterne beileibe nicht eine solche, wie ihr sie heute alle kennt. Ich will sie euch einmal beschreiben, damit ihr wisst, wie sie aussieht. In einer Eisengießerei wurde sie ganz aus Eisen gegossen. Ihr Fuß hatte wunderschöne Verzierungen. Da waren Schnörkel und Ornamente. In halber Höhe waren zwei kleine Drachenköpfe angebracht, und bis oben hinauf umrankte sie eine Weinrebe. Und oben drauf saß dann die eigentliche Laterne. Sie hatte vier Scheiben aus Glas, und oben auf dem Dach hatte ihr der Gießmeister eine kleine Weltkugel aufgesetzt. Darauf war die Straßenlaterne besonders stolz. Sie war mit einer glänzenden schwarzen Lackfarbe angestrichen, und das gab ihr ein richtig würdevolles Aussehen.

Das ganz Besondere aber an unserer Straßenlaterne war, dass sie nicht mit Strom betrieben wurde, sondern mit Gas. Strom gab es zwar schon, die Erfindung war aber noch ganz neu und für Straßenlaternen noch nicht vorgesehen. Darum musste auch jeden Abend ein Laternenanzünder das Gas in der Straßenlaterne anzünden.

Unsere Straßenlaterne stand in einer kurzen und recht engen Straße. Da in der Straße nicht so viele Menschen wohnten, war sie weit und breit die einzige Straßenlaterne. Und darauf war sie besonders stolz. Denn wenn die Menschen abends nach Hause kamen war die Laterne die einzige, die ihnen den Weg erhellte und sie somit mit ihrem Licht sicher nach Hause geleitete.

Das Haus des Laternenanzünders stand genau hinter einem Zaun bei der Straßenlaterne. Und so war sie immer die erste, welche abends angezündet wurde. Bei Anbruch der Dämmerung kam der Laternenanzünder mit seiner Leiter und seinem Anzündstab aus dem Haus. Er hatte auch immer ein Putztuch dabei und wenn eine Glasscheibe der Laterne schmutzig war, so putzte er sie gleich sauber. Seine Runde war groß und er kam oft erst nach Einbruch der Dunkelheit zurück. Dabei begleitete ihn oft sein kleiner Sohn Johannes. Dem gefielen die Straßenlaternen besonders gut, und er liebte ihren warmen Lichtschein. Auch er hatte immer einen Lappen dabei, um den Standfuß der Laternen zu putzen, wenn sie schmutzig waren. Die Straßenlaterne vor ihrem Haus liebte er aber ganz besonders, und so kümmerte er sich auch ganz besonders um sie.

So leuchtete unsere Straßenlaterne viele Jahre und tat treu ihren Dienst. Sie hatte auch schon so manchen Menschen genutzt. So war da mal eine Frau. Sie wohnte nur drei Häuser neben der Laterne. Sie war eine Tänzerin am Theater und kam immer erst spät abends nach Hause. Dann fand sie ihren Schlüssel in der Tasche nicht und nutzte das Licht der Laterne, um ihn zu suchen. So manches Mal streichelte sie die Laterne und sagte: „Ach, wenn du nicht wärst. Nie würde ich den Schlüssel finden."

Oder der Mann, der seine Brieftasche verloren hatte und sie suchte. Die Laterne gab sich große Mühe, mit ihrem Lichtstrahl weit zu leuchten. Und tatsächlich: Ganz am Rand ihres Lichtes fand er seine Brieftasche wieder. Wie freute er sich, denn seinen ganzen Lohn des Monats hatte er darin aufbewahrt. Und er brauchte das Geld dringend, denn reich war er nicht.

Oder die feine Dame aus dem Haus Nummer sieben. Mit ihrem hellen Licht hatte die Laterne die Dame vor einen Hundehaufen geschützt. Der freche Dackel des Professors, der oft an ihrem Pfahl pullerte, hatte an diesem Abend da auch einen großen Haufen gemacht. Wenn die Straßenlaterne nicht gewesen wäre, hätte die feine Dame mit ihren feinen Schuhen glatt in den Haufen getreten. Aber die feine Dame war so fein, dass sie sich nicht einmal bei der Laterne bedankte. Na ja, sie nahm es ihr nicht übel.

Den Tieren half sie aber auch. Neben ihr stand eine große alte Linde. In deren Zweigen hatten viele Vögel ihre Nester und brüteten ihre Jungen aus. Wenn es nun dunkel wurde, leuchtete die Laterne in die Zweige, und so konnten die Vogeleltern gut sehen, wenn der alte Kater um die Linde schlich, in die Äste kletterte und sie fangen wollte.

Ganz besonders aber liebte sie die Kinder. Im Sommer tanzten sie um die Linde und die Straßenlaterne leuchtete dazu. Dabei sangen sie die schönsten Lieder und die Laterne hörte gut zu. Im Winter glitzerte der Schnee in ihrem Schein und es sah aus, als ob tausende Diamanten auf der

*Stolz half die Laterne
mit ihrem Licht allen Menschen.*

Straße lägen. Wenn die Kinder einen Schneemann neben sie gebaut hatten, konnte sie sich gut mit ihm unterhalten. Und der dicke Schneemann staunte, was sie so alles wusste.

Den Johannes aber hatte sie ganz besonders gerne. Sein Vater erlaubte ihm immer, auf die Leiter zu steigen und die Straßenlaterne anzuzünden. Wenn die Glasscheiben schmutzig waren, putzte er sie sofort sauber, und auch ihren Laternenpfahl säuberte er und strich ihn neu an, wenn die Farbe abblätterte.

So stand die gute Straßenlaterne viele, viele Jahre, und sie dachte, nichts auf der Welt ist so schön wie sie und ihr Leben in der kleinen Straße. Sie hatte eine wichtige Aufgabe, und die Menschen freuten sich, dass sie da war. Und so vergingen die Jahre.

Der Laternenanzünder war nun schon alt geworden, und der Johannes schon ein richtig großer Junge. Er half seinem Vater nun immer mehr bei seiner Arbeit. Unsere Straßenlaterne war aber noch immer seine Lieblingslaterne, die er besonders pflegte.

Eines Abends nun kamen der Laternenanzünder und Johannes und machten ein kummervolles und sehr trauriges Gesicht. Johannes streichelte die Laterne und putzte sie besonders blank. Und sein Vater seufzte tief beim Anzünden. Dann sagte der Laternenanzünder zu seiner Straßenlaterne: „Liebe gute alte Laterne. Wir haben viele Jahre hier gelebt und gemeinsam so manches erlebt. Heute nun aber komme ich zum letzten Mal zu dir, um das Gaslicht anzuzünden. Denn ab morgen wird das Gas abgestellt, und die Laternen bekommen elektrisches Licht. Du aber leider nicht. Die Leute vom Elektrizitätswerk sind der Meinung, dass hier keine Laterne nötig ist und ein Kabel bis hierher viel zu teuer wäre. Also mach's gut. Wir sehen uns ja aber noch öfter."

Die Straßenlaterne verstand die Welt nicht mehr. Sie sollte nicht mehr leuchten, sie sollte nicht gebraucht werden? Das war doch wohl nicht möglich. Und doch war es so. Von nun an blieb die Straßenlaterne dunkel. Zwar kam der Laternenanzünder noch oft vorbei und machte sie wohl auch noch manchmal sauber. Aber er wurde immer älter, und bald kam er gar nicht mehr raus. Eines Tages wurde er mit einem Krankenauto weggebracht und kam nicht wieder. Er war gestorben. Auch Johannes kam nun nicht mehr. Er hatte studiert, war nun ein Ingenieur und lebte mit seiner Familie in einer anderen Stadt. Nur noch die alte Frau des Laternenanzünders lebte in dem Haus ganz alleine.

Die Straßenlaterne war traurig und einsam. Ihre Farbe blätterte immer mehr ab. Der Rost begann an ihr zu fressen, die Kinder hatten mit Steinen nach ihren Glasscheiben geworfen und sie zerbrochen, das Unkraut wuchs zu ihrem Fuß, und die Hunde pullerte nur noch an sie. Es war ein sehr trauriges Leben, welches die Straßenlaterne nun fristete und sie dachte oft wehmütig an längst vergangene, schönere Zeiten. Nur ein kleiner Vogel setzte sich hin und wieder mal auf ihre Haube und erzählte, was es in der Welt alles Neues gäbe. Die Straßenlaterne staunte darüber und verstand viele Sachen nicht.

Die Menschen aber, die zuerst so begeistert über die neue Elektrizität waren, begannen nun immer mehr zu schimpfen. In der Straße war es immer dunkel. Die feine Dame trat oft in die Hundehaufen und schimpfte fürchterlich, weil es so dunkel war. Die Tänzerin fand ihre Schlüssel in der Dunkelheit nicht und kam nicht in ihr Haus. Der Mann verlor nicht nur seine Brieftasche sehr oft, sondern auch andere Dinge. In der Dunkelheit suchte und suchte er, konnte aber die meisten Dinge nicht wieder finden. Die meisten Vögel nisteten auch nicht mehr in der alten Linde, denn im Schutz der Dunkelheit schlichen sich die Katzen in den Baum und plünderten die Nester aus. Also suchten sich die Vögel einen Baum, der besser beleuchtet war. Jeder schimpfte über die Dunkelheit, aber einen elektrischen Anschluss bekam die Straßenlaterne deswegen noch lange nicht.

So ging es lange Zeit.

Eines Tages hielt vor dem Haus ein großer Möbelwagen und Möbel, Kisten, Pakete und Kartons wurden in das Haus getragen. Die Straßenlaterne wunderte sich zwar, aber eine Änderung ihrer Lage war deswegen sicher nicht in Sicht. Sie ahnte ja nicht, was in der nächsten Zeit mit ihr geschehen würde.

Eines Tages stand vor ihr ein junger Mann und sagte: „Hallo Straßenlaterne. Wie siehst du denn aus? Man erkennt dich ja kaum wieder. Und du stehst hier so sinnlos rum. Hast keine Farbe mehr, alle Scheiben sind zerbrochen, der Rost hat dich fast aufgefressen und das Unkraut wächst schon bis zur halben Höhe an dir rauf. Alle Leute schimpfen weil es hier so dunkel ist und in der Linde nistet kein einziges Vogelpaar mehr. Jetzt ist aber Schluss mit dem Faulenzen. Du sollst bald wieder scheinen."

Die Straßenlaterne hatte den jungen Mann zuerst gar nicht erkannt. Als sie aber genauer hinsah, sah sie, dass er der Johannes, der Sohn des Laternenanzünders, war. Ihr Johannes, ihr alter Freund. Was meinte er nur damit, dass sie bald wieder scheinen sollte? Aber plötzlich sah die Welt nicht mehr so trübe aus. Sogar die Sonne schien heller zu scheinen, und alles sah freundlicher aus.

Es dauerte auch nicht lange, da kam der Johannes mit einem großen Topf mit bestem schwarzem Lack. Er entfernte allen Rost von der Laterne und strich sie neu an. Dann setzte er neue Scheiben ein und entfernte das Unkraut. Einen Kreis aus schönen, weißen Steinchen streute er um sie herum und bald kamen Menschen und gruben einen tiefen Graben bis vor ihrem Standfuß. Dann legten sie ein Kabel in die Laterne. Das kitzelte ein bisschen und zwickte auch manchmal. Aber es war nicht schlimm. In Ihrer Haube wurde gebohrt und eine große Glühbirne eingeschraubt. Dann wurde alles wieder in Ordnung gebracht.

Am Abend brachte Johannes einen großen Tisch und stellte ihn unter die Laterne. Er brachte auch noch zu essen und zu trinken. Sogar eine kleine Kapelle machte Musik. Und dann, als es anfing zu dämmern, wurden alle ganz still und schauten zu der Straßenlaterne auf. Und plötzlich blitzte es, und ein heller Schein strahlte von der Laterne aus. Sie meinte sogar, er wäre heller als die Sonne. Na das war er natürlich nicht, aber heller als ihr altes Gaslicht war er ganz bestimmt. Dann wurde ein Fest gefeiert bis tief in die Nacht. Und unsere Straßenlaterne strahlte dazu. Die ersten Vögel kamen auch schon wieder. Der alte Mann hatte mal wieder seine Brieftasche verloren, fand sie aber sofort wieder. Die Tänzerin brauchte nicht mehr nach ihren Schlüsseln zu suchen und die feine Dame sah schon von weitem die Hundehaufen. Der Dackel des Professors durfte aber von nun an nicht mehr gegen die Straßenlaterne pullern.

Das Geheimnis aber war, dass der Johannes als Ingenieur sehr fleißig war und ein paar sehr gute Erfindungen gemacht hatte. Daher hatte er auch viel Geld verdient und konnte so seiner alten guten Straßenlaterne zu neuem Leben verhelfen. Dafür waren ihm alle Anwohner der Straße sehr dankbar. Und die Straßenlaterne aber ganz besonders und sie überlegte, wie sie auch ihm eine Freude machen konnte. Es fiel ihr aber nichts ein bis eines Abends im Herbst...

Ja, bis eines Abends im Herbst die Straßenlaterne beobachtete, wie zwei Männer mit einem Sack und einem Tuch vor dem Gesicht über den Zaun von Johannes kletterten. Wer waren diese Gestalten, und was wollten sie? Die beiden schlichen um das Haus von Johannes und suchten offenbar etwas. „Das sind bestimmt Einbrecher", dachte die Straßenlaterne. Was sollte sie nur machen? Sie wollte die beiden unbedingt vertreiben und Johannes wecken, der sicher tief schlief. Aber wie sollte sie es anstellen? Die beiden Einbrecher versuchten schon ein Fenster aufzumachen. Jetzt musste etwas geschehen. Und die Laterne bat den Wind doch mal kräftig zu wehen. Dadurch wackelte die Laterne doll, und die Glasscheiben fielen klirrend auf die Straße. Das machte einen Höllenlärm. Dazu flackerte die Laterne auch noch stark mit ihrem Licht, und den Dackel des Professors, der gerade vorbei kam, bat sie recht laut zu bellen. Durch diesen Krach wurde Johannes wach, überraschte die Einbrecher und rief die Polizei. Einer der beiden wollte aber weglaufen. Da machte die Laterne schnell ihr Licht aus. Der Einbrecher stolperte im Dunkeln, fiel hin und der Polizei, die gerade eintraf, direkt in die Arme. Für Johannes nahm alles ein gutes Ende. Er wunderte sich aber, wie das alles so zugegangen war. Da sah er den noch immer bellenden Dackel, sah die zerbrochenen Scheiben und sah auch, dass das Licht der Laterne noch immer flackerte. Da wusste er, dass die Straßenlaterne ihm geholfen hatte. Am nächsten Tag ließ er den Schaden schnell beseitigen und kaufte für den Dackel eine große Wurst.

Von dem Tag kümmerten sich die beiden noch mehr um einander und waren für immer die besten Freunde.

Die Straßenlaterne steht aber noch immer in der kleinen Straße und sorgt mit ihrem hellen Licht für die Sicherheit der Menschen.

Die Laterne und die alte Dampflok
Nach einer Idee von Eva Schultze

Früher – ach ja früher. Wie war es früher hier schön. Genau hier war ein Bahnhof. Zugegeben war er nicht sehr groß. Es hielten auch keine internationalen Schnellzüge hier. Auch fehlte die großstädtische Betriebsamkeit. Aber es war schön gewesen. Der Bahnhof gehörte zu einer kleinen Stadt. In der Stadt lebten die Menschen friedlich miteinander. Es gab alles, was man so brauchte. Es gab einen Bäcker- und einen Fleischerladen, ein kleines Kaufhaus, worin es alle Dinge gab, die die Menschen in der kleinen Stadt brauchten. Es gab eine Gaststätte, eine Kirche und ein Rathaus. All das gab es. Mehr brauchten die Menschen nicht. Und es gab natürlich den Bahnhof. Dreimal am Tag hielten die Züge dort an. Morgens, mittags und abends. Einmal fuhren sie in die eine Richtung hin, dann wieder zurück. Wenn die Menschen in die Welt wollten, fuhren sie einfach mit der Eisenbahn. Oder wenn sie von einer Reise zurückkamen. Es war immer etwas los auf dem Bahnhof. Und ein Bahnhofsvorsteher regelte den ganzen Betrieb.

Die kleine Dampflok freute sich immer darauf, am Bahnhof der kleinen Stadt zu halten. Sie fuhr mit ihren drei Hängern stolz in den Bahnhof ein und gab dabei einen warnenden Pfiff von sich. Alle Leute sollten es hören: Hier kommt

Die Laterne und die Dampflok erzählten sich oft ihre Erlebnisse.

der Zug. Am Abend, wenn es schon dunkel war, erleuchtete eine Laterne den Bahnsteig und gab den Menschen, die ein- oder ausstiegen, Licht, damit sie gut sehen konnten. Und in der Zeit wo der Zug hielt, erzählte die Lok der Laterne die Neuigkeiten, die sie auf ihren Reisen erlebt hatte. Und die Laterne erzählte der Lok die Neuigkeiten, die sich in der Stadt ereignet hatten. Im Laufe der Zeit hatten die beiden richtig Freundschaft miteinander geschlossen.

Ein kleiner Junge aber fuhr besonders oft und gerne mit dem Zug. Er ging in der nächsten Stadt zur Schule und so fuhr er jeden Tag. Der Junge hieß Johannes, und er hatte schon seinen Stammplatz im zweiten Waggon. Er und sein Vater, der ebenfalls in der großen Stadt arbeitete, fanden die kleine Dampflok sehr schön. Sein Vater erklärte ihm, wie das alles funktionierte. Johannes hatte ein wunderschönes Bild von der Lok und der Laterne gemalt und in seinem Kinderzimmer an die Wand gehängt.

So nach und nach fuhren aber immer weniger Menschen mit dem Zug. Sie fuhren mit ihren eigenen Autos oder mit dem Bus die neuen Straßen entlang. Das ging angeblich schneller. Und die Menschen wollten immer schneller da sein, wo sie hin wollten. Keiner hatte mehr Zeit. Alles sollte nur noch schnell gehen. Schnell, schnell, schnell.

Johannes wohnte und arbeitet nun auch in einer anderen großen Stadt. Sein Vater war auch alt geworden und brauchte nicht mehr zur Arbeit zu fahren.

So fuhr der Zug nach einiger Zeit immer seltener in die Stadt. Erst nur noch zweimal, dann nur noch einmal am Tag. Dann wurde der Bahnhofsvorsteher entlassen. Die paar Menschen mussten sich allein zurechtfinden. Fahrkarten konnte man auch keine mehr kaufen. Dafür wurde ein Automat aufgestellt. Aber der funktionierte oft nicht. Dafür war er aber sehr eingebildet. Mit der Laterne oder der Lok unterhielt er sich nie. Und endlich, als nur noch ein paar wenige Menschen mit dem Zug fuhren, und er oft gänzlich ohne Fahrgäste durch das Land fuhr, wurde beschlossen, den Fahrbetrieb einzustellen. An einem schönen Sommertag fuhr zum letzten Mal der Zug in den Bahnhof ein. Die Lok pfiff zum letzten Mal, und das Signal zeigte zum letzten Mal grün. Die Lok hatte gerade noch Zeit, um sich von der Bahnhofslaterne zu verabschieden. Nun wurde es auf dem Bahnhof sehr still. Das Signal verrostete, auch die Schienen setzten bald Rost an. Die schönen roten Backsteine des Bahnhofsgebäudes wurden grau und der Bahnsteig zerbröckelte. Unkraut wuchs zwischen den Gleisen. Die Kinder spielten auf dem verwaisten Bahnsteig Fußball. Eines Tages flog der Ball gegen die Laterne und all ihre Scheiben zerbrachen in tausend Scherben. Dabei ging auch die Glühbirne kaputt und es wurde stockdunkel am Bahnsteig. Nun ließen sich lange Zeit gar keine Menschen mehr sehen.

Die Laterne stand einsam da, und Wind und Wetter sorgten bald dafür, dass sich ihre schöne schwarze Lackfarbe löste und sie mehr und mehr Rost ansetzte. Das Unkraut wuchs immer höher um sie herum, und auch die Sträucher und der große Fliederbusch wurden immer größer, so dass die Laterne kaum noch etwas sah. Nur die Vögel nisteten in den Gebüschen. Manchmal setzte sich ein Vogel auf die Laterne und erzählte ihr, was sich so alles in der Welt ereignete. Vieles davon verstand die Laterne nicht. Aber sie hörte aufmerksam zu. Und oft dachte sie: „Früher! Ach ja früher. Das waren noch Zeiten. Da war auch hier was los."

Und so verging die Zeit. Eines Tages aber geschahen merkwürdige Dinge am alten Bahnhof. Die Laterne dachte zuerst zu träumen. Dann aber sagte sie zu einem Vogel: „Pick doch mal auf meine Haube." Der Vogel tat es und es tat weh. Also träumte die Laterne nicht. Das Abstellgleis wurde nämlich hergerichtet. Die Bahnschwellen wurden festgemacht, und der Schotter wurde verdichtet. Was war denn hier los? Ging der Bahnbetrieb etwa wieder los? Und dann kam doch eines Tages tatsächlich wieder ein Zug an und fuhr auf das Abstellgleis. Und es war, die Laterne wollte ihren Augen nicht trauen, es war doch tatsächlich ihre alte Freundin, die Dampflok. Die Laterne war hellwach, obwohl doch ihre Glühbirne kaputt war. Die Dampflok wurde abgestellt, das Feuer unterm Kessel gelöscht und die Türen verschlossen. Und dann trat wieder Ruhe ein. Nichts geschah. Aber die beiden alten Freundinnen standen wieder vereint nebeneinander und erzählten sich gegenseitig all das, was sie erlebt hatten: Die kleine Dampflok fuhr noch einige Zeit auf Nebengleisen. Dann aber wurde auch dieser Verkehr eingestellt, und sie sollte verschrottet werden. Zum Glück aber kaufte sie ihr alter Lokführer und brachte sie auf den Bahnhof der kleinen Stadt. Aber auch hier stand sie nur so da und nichts geschah. Lok und Laterne rosteten nebeneinander her und das Unkraut hatte beide fast völlig überwuchert. Die beiden hatten jede Hoffnung aufgegeben. Nur hin und wieder seufzten beide tief und sagten: „Ach ja ..."

So ging es ein paar Jahre hindurch. Die Jahreszeiten kamen und gingen und hinterließen ihre Spuren an der Lok und der Laterne. Die beiden sahen wirklich jämmerlich aus. Kaum mehr die Vögel ließen sich auf sie nieder. So standen die beiden nutzlos da und träumten von vergangenen, besseren Zeiten.

Aber eines Tages im Frühling geschah wieder etwas Außergewöhnliches. Der Schnee war geschmolzen, der erste warme Frühlingswind zog über das Land, und die ersten zarten Frühlingsblüher zeigten ihre Blüten. Da bahnten sich drei Männer einen Weg durch das fast undurchdringliche Gebüsch. Sie hatten Äxte, Spaten, Schippen und noch so allerlei Werkzeug dabei. Was sollte das denn nun bedeuten? Zuerst hatten Lok und Laterne doch etwas Angst. Es war aber auch unheimlich und so ungewohnt. Dann aber erkannte die Laterne die Drei. Es war Johannes, sein Vater und ein Junge. Der sah dem Johannes sehr ähnlich, denn es war sein Sohn. Die drei befreiten das gesamte Umfeld von Unkraut und wildem Gebüsch. Dann klopften sie der Laterne sanft am Laternenmast und streichelten die alte Dampflok und sagten: „Wartet nur ab. Hier wird sich vieles verändern, und ihr zwei werdet dabei besonders wichtig sein. Ihr werdet staunen." Die beiden wurden sehr neugierig.

Lok und Laterne konnte nun wieder weit blicken und sahen, dass sich sehr viel verändert hatte. Das Bahnhofsgebäude war noch mehr verfallen. Aber die Häuser der Stadt hatten sich auch verändert. Sie waren höher, viel höher geworden. Die Straßen waren viel breiter und die Autos rasten nur so auf ihnen dahin. Die alten Bäume am Bahnhofsvorplatz hatte man gefällt und einen großen Parkplatz gebaut. Busse fuhren von hier aus in alle Himmelsrichtungen. Fast erkannten die beiden nichts mehr wieder. Und dazu der

Lärm und die Abgase der Autos. Die beiden bedauerten schon fast, dass die Sträucher entfernt worden waren.

Aber nun ging es los. Jeden Tag kamen viele Menschen und arbeiteten. Johannes und sein Vater gaben die Kommandos und sagten, wie und was alles zu machen sein. Zuerst wurde im weiten Bogen eine wunderschöne Mauer um den Bahnhof gezogen, so dass Lärm und Schmutz nicht mehr zu hören und zu sehen waren. Dann wurde das alte Bahnhofsgebäude restauriert. Die alten und schmutzigen roten Klinkersteine wurden gesäubert. Es wurden neue Fenster und Türen eingesetzt und aus dem alten Gebäude entstand ein schönes neues Bahnhofsrestaurant. Das sah toll aus.

Lok und Laterne konnten sich nicht satt sehen und staunten. Sie unterhielten sich und stellten Vermutungen an, was das alles wohl werden würde.

Nun aber kamen die beiden an die Reihe. Dabei halfen auch die Kinder mit. Der ganze Rost wurde von den beiden entfernt. Die Laterne bekam neue schwarze Lackfarbe, neue Glasscheiben und eine neue Glühbirne. Vor Stolz und Eitelkeit hätte sie sich fast verbogen. Aber das hielt nicht lange an. Denn sie war ja eine bescheidene Laterne. Auch an der Lok wurde alles neu gemacht. Der Rost wurde entfernt, das Gestänge geölt, auch sie bekam neue Farbe, und am Ende sah sie wie neu aus. Am liebsten wäre sie gleich wieder losgefahren. Aber das ging ja nun nicht. Auch eine neue Pfeife hatte sie erhalten. Nur das diese nun elektrisch betrieben wurde. Aber das machte nichts. Sie pfiff fast genau so schön wie die alte.

Dann wurde der Platz, der alte Bahnhofsplatz wieder neu hergerichtet. Blumen wurden gepflanzt, und die Wege be-

Beim Eröffnungsfest war die alte Dampflok am glücklichsten.

kamen einen schönen Kiesbelag. Auch kleine Bäume und Sträucher pflanzten die Menschen. Und zum Schluss wurde der alte Bahnsteig wieder erneuert. An der Laterne wurde ein schönes, neues Schild angebracht und mit einem Tuch verhüllt. Neue Bänke wurden auch aufgestellt. Nun fehlten nur noch die Menschen. Aber die kamen nicht.

Der Lok und der Laterne wollte schon wieder der Mut sinken, und sie dachten, dass wieder alles verfallen würde.

Da aber kamen die Menschen wieder. Sie brachten Tische, Stühle und Bänke mit. Dann wurde ein mächtig großes Buffet aufgebaut. Es gab jede Menge zu essen und zu trinken. Alles wurde mit Fahnen, Lampions und Girlanden geschmückt. So nach und nach kamen auch viele Menschen. Sogar eine Kapelle hatte Aufstellung genommen und spielte nun ganz laut einen Tusch. Ringsum wurde es ganz still. Aus Versehen ließ die Lok einen leisen Pfiff ertönen. Sie wurde ganz verlegen. Zum Glück sah das aber niemand. Dann betrat der Herr Oberbürgermeister der Stadt den Führerstand der Lok und hielt eine Rede. Die Menschen applaudierten. Und nun gab die Lok einen ganz lauten Pfiff aus ihrer neuen Pfeife ab. Dann wurden noch einige Reden gehalten, und dann wurde das Tuch vom Schild an der Laterne entfernt. Alle Menschen konnten nun lesen „Neuer Bahnhofsplatz". Oh wie stolz war unsere Laterne.

Nachdem nun alle die Reden zu Ende waren, wurde gegessen und getrunken. Die Menschen ließen sich alles gut schmecken. Nun begann auch die Kapelle zu spielen, und die Menschen tanzten sogar. Lok und Laterne hätten am liebsten mit geschunkelt. Als es Abend wurde, ging plötzlich das Licht unserer Laterne an, und alle applaudierten.

Die Laterne blieb aber ganz steif stehen. Verbeugen konnte sie sich ja nicht, hätte es aber gerne getan.

Noch lange wurde an diesem Tag die Einweihung des „Neuen Bahnhofplatzes" gefeiert und es wurde fast schon wieder hell als die Letzten nach Hause gingen. Sehr müde, aber auch sehr glücklich schlossen bald auch Lok und Laterne ihre Augen

Täglich kamen Kinder und Erwachsene, sahen sich alles an und entspannten sich auf den Bänken im Park. Für die Kinder wurde auch noch ein Spielplatz angelegt, und so waren Lok und Laterne nie mehr allein. Als die Lok auch noch ihre alten, nun restaurierten Anhänger, angehängt bekam, stand ihrem Glück nichts mehr im Wege.

Das alles hatten Johannes und sein Vater organisiert. Sie hatten sich der alten Zeiten erinnerten und wollten nicht, dass all die Erinnerungen an den alten Bahnhof verloren gingen.

Noch heute stehen Lok und Laterne dort im Park und die Menschen erfreuen sich an ihnen.

Horst Schultze wurde 1951 in Brandenburg an der Havel geboren. Erlernte Berufe sind Fachkrankenpfleger und Rettungsassistent – inzwischen im Ruhestand. Neben seiner Schriftstellerei (mittlerweile vier Kinderbücher) engagiert er sich auch noch musikalisch als Geiger in zwei Orchestern und Sänger in einem Männerchor. Gärtnern sowie Wanderungen und Radtouren, welche er gerne in Film und Foto dokumentiert, runden seine zahlreichen Liebhabereien ab.

Luisa Lieben wurde 1999 in Berlin geboren. Im Alter von acht Jahren fing sie an, im „Atelier Professor Werner Klemke" in ihrer Freizeit zu malen. Seither arbeitet Luisa Lieben in ihrem Metier intensiv und mit viel Freude und beherrscht heute viele verschiedene Techniken. 2012 gewann sie in ihrer Altersgruppe einen bundesweiten Malwettbewerb. Seit drei Jahren entwirft und malt sie Plakate für das Weihnachtsmusical der Tanzwerkstatt „No Limit", in der sie tanzt. Ein Kinderbuchautor eröffnete der damals 15-jährigen mit dem Buch „Stinktier und Bär – Der Wald ist in Gefahr" erstmalig die Möglichkeit, ein komplettes Buch und dessen Fortsetzung zu illustrieren. Das vorliegende Buch ist schon ihre dritte Buchillustration.